Berlitz®

中国話

Chinese

Berlitz Languages, Inc.
Princeton, NJ
USA

ISBN 2-8315-2175-0

Fourteenth Printing – July 2005
Printed in China

Berlitz Languages, Inc.
400 Alexander Park
Princeton, NJ 08540
USA

PREFACE

The leading principles of the Berlitz Method, according to M. D. Berlitz, founder of the Berlitz Schools, require "constant and exclusive use of the foreign language and direct association of perception and thought with the foreign sound and speech."

M. D. Berlitz wrote:

"The means of attaining this end are:

1. the teaching of the concrete by visual demonstration and dramatization,
2. the teaching of the abstract by association of ideas,
3. the teaching of grammar by means of examples and as a product of analogy.

"Translation as a means of acquiring a foreign language is entirely abandoned. From the first lesson the student hears and speaks only the language he wishes to learn. What cannot be taught by means of demonstration is made clear in accordance with the mathematical principle which reveals the value of the unknown X through its relation to the known quantities A and B."

In the prefaces to the first editions of his textbooks, M. D. Berlitz explained in detail his reasons for rejecting the grammar-translation technique and for insisting on the exclusive use of the target language.

For M. D. Berlitz it was "illogical" to use the student's mother tongue during the greater part of the lesson. Each language, according to him, was best learned "within the framework of the language itself"; this was the only way for the student "to get hold of its spirit and to become accustomed to thinking in it." The difficulties of grammar, which are frequently created by translation, and the consequent comparison with the mother tongue are greatly reduced by the Berlitz Method.

The consequences of the direct approach for the design of foreign language courses need further explanation, however. As an uncompromising advocate of the direct method, M. D. Berlitz was the first to draw practical conclusions from it. These conclusions cover all the essential aspects of a foreign language course:

1. The teaching aims of the Berlitz Method are, first of all, comprehension and speaking. Reading and writing are considered to be secondary aims. Berlitz teaches the spoken language before teaching the written language: language as speech before language as literature.

2. The Berlitz Method teaches language as a skill--the skill to understand and to speak, to read and to write--as a practical tool rather than as mere theoretical knowledge. The ability to understand and make oneself understood is developed in the classroom from the very first lesson.

3. M. D. Berlitz was the first to select a minimal word list and to incorporate it into his _First Book_. He established a conversational, high-frequency list long before frequency word counts of the literary language became available.

4. The same procedure is applied to the selection of conversationally relevant points of grammar, which are, in fact, what modern linguists refer to as basic structures.

5. The sequence in which vocabulary and grammar are introduced is, of course, determined by the need to explain all selected elements of the language without resorting to translation and to present increasingly complex situations in order of difficulty.

Accordingly, the direct-method principle determines the priority of the teaching aims, the selection of vocabulary and grammatical structure, the sequencing of this material, and the amount to be presented to the student at any one time. It is interesting to add that the Berlitz Method, in embracing the strict discipline of the direct-method approach, satisfies the criteria of programmed instruction.

The teaching aids offered to the Berlitz Schools are:

1. a teacher's manual: the actual classroom program,
2. a student's workbook: reading materials and written exercises.

MÙLÙ

1 DÌYÍKÈ — NÈIRÓNG

Zhè shì ...

- Zhè shì shū.

yuánzhūbǐ

zhǐ

yǐzi

zhuōzi

dìbǎn

Zhè shì shū ma?

- Shì, zhè shì shū.

Zhè shì yuánzhūbǐ ma?

- Shì, zhè shì yuánzhūbǐ.

Zhè shì zhǐ ma?

- Bú shì, zhè bú shì zhǐ.

Zhè shì yuánzhūbǐ ma?

- Bú shì, zhè bú shì yuánzhūbǐ.

Zhè shì shénme?

- Zhè shì yǐzi.

Nà shì ...

- Nà shì shū.

yuánzhūbǐ

zhǐ

Zhè shì zhuōzi háishi dìbǎn?

- Zhè shì dìbǎn.

Zhè shì zhǐ háishi shū?

- Zhè shì shū.

1, 2, 3, 4, 5.

- yī
- èr
- sān
- sì
- wǔ

ZHÈ SHÌ SHÉNME?

Zhè bú shì shū.
Zhè shì zhuōzi.

Zhè shì shū.

Zhè shì zhuōzi ma?
- Shì, zhè shì zhuōzi.

Zhè shì zhuōzi ma?
- Bú shì, zhè bú shì zhuōzi.

Zhè shì zhuōzi háishi zhǐ?
- Zhè shì zhǐ.

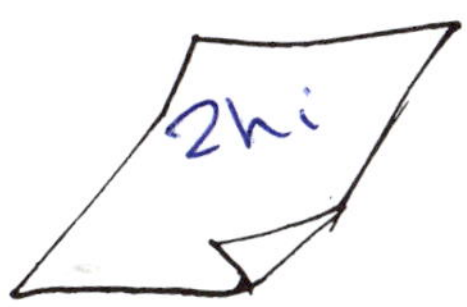

Zhè shì zhǐ ma?
- Bú shì, zhè bú shì zhǐ.

Zhè shì zhuōzi ma?
- Bú shì, zhè bú shì zhuōzi.

Zhè shì shénme?
- Zhè shì yuánzhūbǐ.

Zhè shì shénme?
- Zhè shì shū.

Liànxí 1

Lìzi: 1. Zhè shì yuánzhūbǐ.

2. Zhè shì yǐzi.

3. Zhè shì ZHI.

4. Zhe shi shu.

5. Zhe shi jounzhubi.

6. Zhe shi zhouzi.

Liànxí 2

Lìzi:

Zhè shì zhuōzi háishi yǐzi?
- Zhè shì yǐzi.

Zhè shì shū ma?
- Shì, zhè shì shū.

Zhè shì shénme?
- Zhè shì zhǐ.

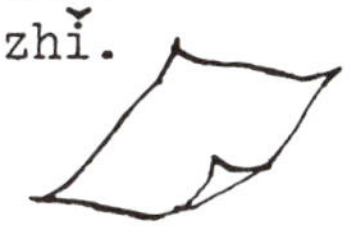

Zhè shì yǐzi ma?
- Bú shì, zhè bú shì yǐzi.

1. Zhè shì zhuōzi ma?

Shi zhe shi Zhuozi.

2. Zhè shì yǐzi ma?

Bu shi, zhe bu shi yizi

3. Zhè shì shénme?

Zhe shi yizi.

4. Zhè shì yuánzhūbǐ háishi shū?

Zhe shi shu.

5. Zhè shì zhǐ ma?

Bu shi, zhe bu sh zhi

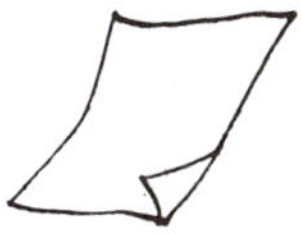

6. Zhè shì shénme?

Zhe shi zhi.

2 DÌERKÈ — NÈIRÓNG

- Zhè shì shénme?
- Zhè shì yì zhī yuánzhūbǐ.
  yì běn shū.
  yì běn zázhì.
  yì zhāng zhǐ.
  yì zhāng bàozhǐ.
  yì bá yǐzi.
  yì zhāng zhuōzi.

Zhèi běn shū shì shénme yánsè de?

- Zhèi běn shū shì hóng de.
  (hóng sè).
  lán de.
  huáng de.
  hēi de.
  bái de.
  lǜ de.

Nèi zhī yuánzhūbǐ shì bái de ma?

- Shì, nèi zhī yuánzhūbǐ shì bái de.

Zhèi běn shū shì shénme yánsè de?

- Zhèi běn shū yǒu hóng sè.
- Yé yǒu lán sè.
- Zhèi běn shū yǒu hóng sè hé lán sè.

Zhèi zhāng zhí yě shì bái de ma?

- Shì, zhèi zhāng zhí yě shì bái de.
- Bú shì, zhèi zhāng zhǐ bú shì bái de.

<u>Shùmù</u>

6 - liù
7 - qī
8 - bā
9 - jiǔ
10 - shí

2 - liǎng (běn shū)

<u>Duìhuà</u>

"Qǐng géi wǒ..."
"Zhè jiù shì."
"Xièxie."
"Bú kèqi."

Nà shì dìbǎn ma?

- Bù, nà bú shì dìbǎn.
- Nà shì qiáng.
  tiānhuābǎn.

QÍNG GÉI WǑ NÈI BĚN ZÁZHÌ

- Qíng géi wǒ nèi běn zázhì.
- Zhè jiù shì.
- Xièxie.
- Bú kèqi.

ZHÈ SHÌ SHÉNME YÁNSÈ DE?

Zhè shì yì bá yǐzi.
Zhèi bá yǐzi shì lǜ de.

Zhè shì yì zhāng zhuōzi ma?
- Bú shì, zhè bú shì yì zhāng zhuōzi.

Zhè shì yì zhāng zhuōzi háishì yì běn shū?
- Zhè shì yì běn shū.

Zhèi běn shū shì huáng de ma?
- Bú shì, zhèi běn shū bú shì huáng de.

Zhèi běn shū shì shénme yánsè de?
- Zhèi běn shū shì hóng de.

Zhèi běn zázhì shì shénme yánsè de?
- Zhèi běn zázhì yǒu hóng sè hé lán sè.

Zhè shì yì zhāng zhuōzi.
Zhèi zhāng zhuōzi shì lán de.

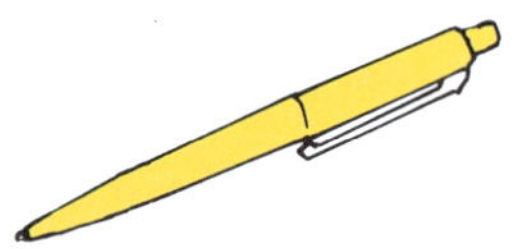

Zhèi zhī yuánzhūbǐ shì hóng de ma?
- Bú shì, zhèi zhī yuánzhūbǐ bú shì hóng de.

Zhèi zhī yuánzhūbǐ shì <u>shénme yánsè de</u>?
- Zhèi zhī yuánzhūbǐ shì huáng de.

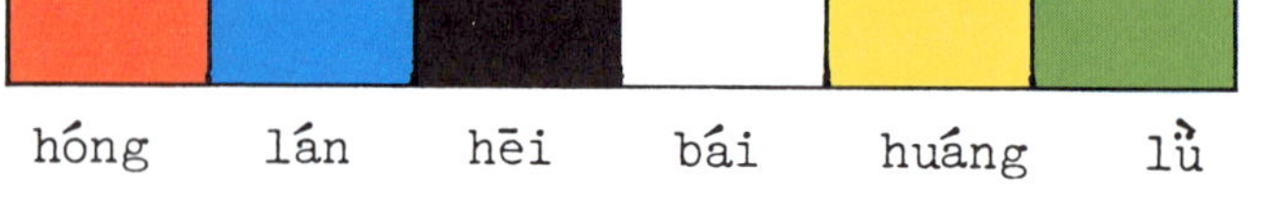

hóng lán hēi bái huáng lǜ

Liànxí 3

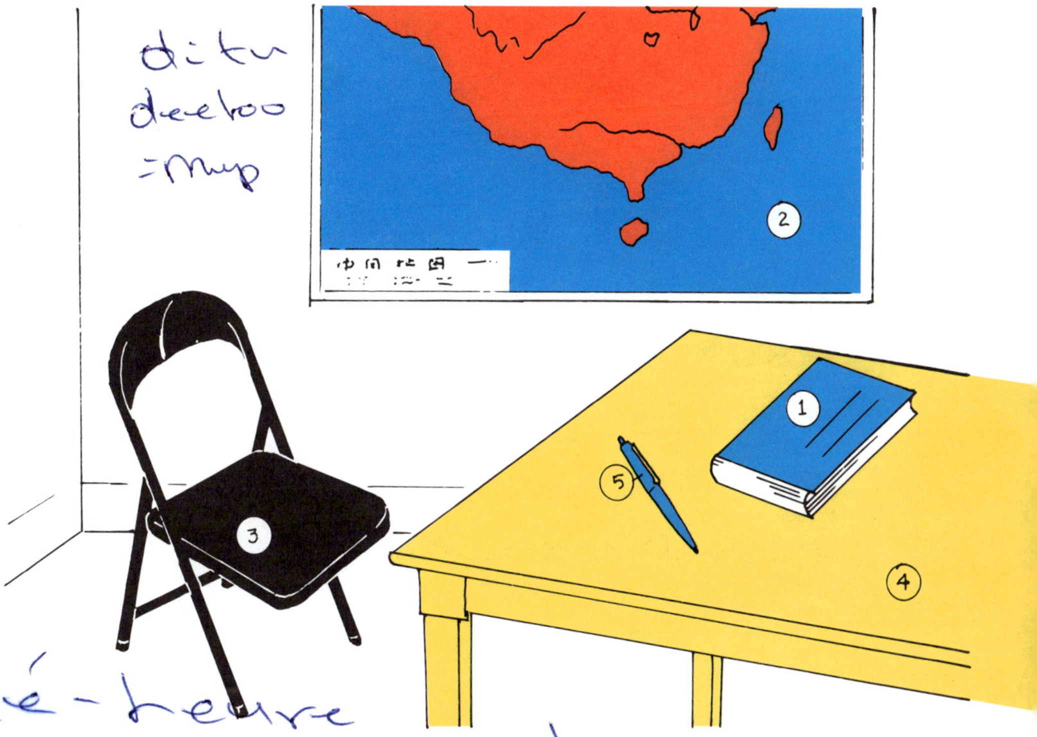

Lìzi: 1. Zhè shì yì běn shū. Zhèi běn shū shì lǜ de.

2. ______________________________.

3. ______________________________.

4. ______________________________.

5. ______________________________.

Liànxí 4

1. Zhèi běn shū shì hóng de ma?

2. Zhèi zhāng zhǐ yě shì hóng de ma?

3. Zhèi zhāng zhǐ shì shénme yánsè de?

4. Zhèi běn zázhì shì shénme yánsè de?

5. Zhèi zhī yuánzhūbǐ shì lǜ de ma?

6. Zhèi zhī yuánzhūbǐ shì lǜ de háishi huáng de?

7. Zhèi zhāng zhuōzi shì shénme yánsè de?

8. Zhèi bá yǐzi shì shénme yánsè de?

SHÙMÙ

Wǔ ....

Sì ....

Sān ...

Èr ....

Yī ....

! ! !

一 yī　　二 èr　　三 sān

四 sì　　五 wǔ

六 liù　　七 qī　　八 bā

九 jiǔ　　十 shí

3 DÌSĀNKÈ — NÈIRÓNG

Zhè shì shénme?
- Zhè shì yí liàng qìchē.
  - yí liàng gōnggòngqìchē
  - yí liàng zìxíngchē
  - yí jià fēijī
  - yí liè huǒchē
  - yì sāo chuán
  - yì bǎ chǐ
  - yì bǎ yàoshi
  - yì tiáo lǐngdài
  - yì zhī xiāngyān
  - yì zhī xuějiā
  - yì gēn huǒchái

Shùmù:

11 - shíyī

12 - shíèr

13 - shísān

14 - shísì

15 - shíwǔ

Zhèi liàng qìchē shì shénme yàngzi de?
- Zhèi liàng qìchē hěn dà.
  hén xiǎo.

Zhèi tiáo lǐngdài shì shénme yàngzi de?
- Zhèi tiáo lǐngdài hěn cháng.
  hén duǎn.

Nèi sāo chuán dà ma?
- Nèi sāo chuán hěn dà.

Zhèi jià fēijī dà ma?
- Zhèi jià fēijī bú dà.

Něi ge duǎn?
- Zhèi bá chí duǎn.

Zhèi bǎ yàoshi yé duǎn ma?
- Zhèi bǎ yàoshi yé duǎn.

Nèi jià fēijī dà ma? Shì hóng de ma?
- Nèi jià fēijī hěn dà, dànshi bú shì hóng de.

Fēijī bǐ qìchē dà ma?
- Fēijī bǐ qìchē dà.

ZHÈ SHÌ YÍ JIÀ DÀ FĒIJĪ

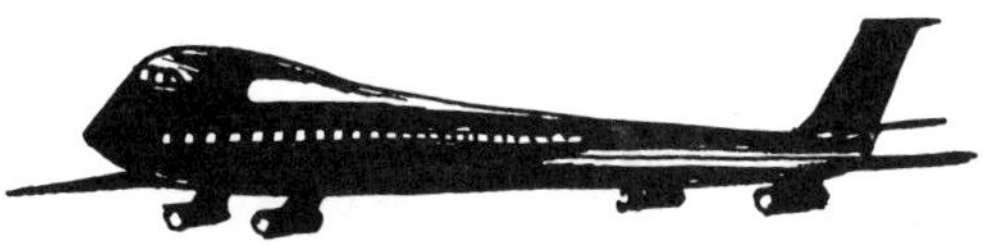

Zhè shì yí jià fēijī.
Zhèi jià fēijī hěn dà.
Zhè shì yí jià dà fēijī.
Zhèi jià dà fēijī shì hēi de.

Zhè yě shì yí jià fēijī.
Dànshi, zhèi jià fēijī bú shì hēi de.
Zhè shì yí jià bái fēijī.
Zhè shì yí jià dà bái fēijī.

Zhè yě shì yí jià fēijī. Zhè bú shì dà fēijī. Zhèi jià fēijī hěn xiǎo. Zhèi jià fēijī yǒu hēi sè. Yé yǒu bái sè.

ZHÈI LIÀNG GŌNGGÒNGQÌCHĒ SHÌ SHÉNME YÀNGZI DE?

Zhè shì yí liàng gōnggòngqìchē ma?
- Shì, zhè shì yí liàng gōnggòngqìchē.

Zhèi liàng gōnggòngqìchē shì hēi de ma?
- Shì, zhèi liàng gōnggòngqìchē shì hēi de.

Zhèi liàng hēi de gōnggòngqìchē xiǎo ma?
- Zhèi liàng hēi de gōnggòngqìchē bù xiǎo.

Zhèi liàng hēi de gōnggòngqìchē shì shénme yàngzi de?
- Zhèi liàng hēi de gōnggòngqìchē hěn dà.

Zhè shì shénme?
- Zhè yě shì yí liàng gōnggòngqìchē.

Zhè yě shì yí liàng dà gōnggòngqìchē ma?
- Bú shì, zhè bú shì yí liàng dà gōnggòngqìchē.

Zhèi liàng shì dà gōnggòngqìchē háishi xiǎo gōnggòngqìchē?
- Zhè shì yí liàng xiǎo gōnggòngqìchē.

Zhèi liàng xiǎo gōnggòngqìchē shì hēi de háishi bái de?
- Zhèi liàng xiǎo gōnggòngqìchē shì bái de.

Liànxí 5

1. Zhèi liè huǒchē cháng ma?

   ______________________________.

2. Zhèi bǎ yàoshi cháng ma?

   ______________________________.

3. Zhèi bǎ yàoshi cháng háishi duǎn?

   ____.

4. Zhèi zhī xiāngyān yé duǎn ma?

   ______________________________.

5. Nàme, zhèi bá chǐ shì shénme yàngzi de?

   ____.

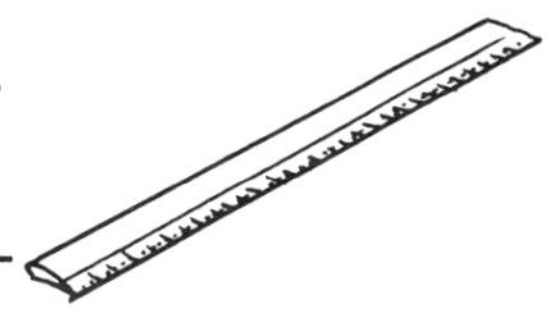

6. Zhèi liàng xiǎo qìchē shì hēi de ma?

   ______________________________.

7. Zhèi liàng xiǎo qìchē shì hēi de háishi bái de?

   ______________________________.

8. Nàme, zhèi liàng dà qìchē ne?

   ______________________________.

Liànxí 6

ZHÈI JIÀ DÀ FĒIJĪ SHÌ BÁI DE

Lìzi: fēijī / dà / bái de

Zhèi jià fēijī hěn dà.

Zhèi jià dà fēijī shì bái de.

1. yǐzi / xiǎo / lán de

____.

____.

2. qiānbǐ / cháng / hóng de

____.

____.

3. gōnggòngqìchē / dà / hēi de

____.

____.

4. huǒchē / cháng /lǜ de

____.

____.

5. qiānbǐ / duǎn / huáng de

____.

____.

6. zázhì / xiǎo / hēi sè hé bái sè

____.

____.

Liànxí 7

HĚN DÀ, DÀNSHI BÚ SHÌ HÓNG DE

Lìzi: Zhèi jià fēijī dà ma? Shì hēi de ma?

Zhèi jià fēijī hěn dà, dànshi bú shì hēi de.

1. Zhèi sāo chuán dà ma? Shì hóng de ma? 

____

2. Zhèi gēn huǒchái duǎn ma? Shì lán de ma? 

____

3. Zhèi bǎ yàoshi duǎn ma? Shì bái de ma? 

____

4. Zhèi bá chǐ cháng ma? Shì lǜ de ma?

---

5. Zhèi jià fēijī xiǎo ma? Shì hēi de ma?

---

6. Zhèi sāo chuán xiǎo ma? Shì hēi de ma?

---

7. Zhèi zhāng dìtú dà ma? Shì huáng de ma?

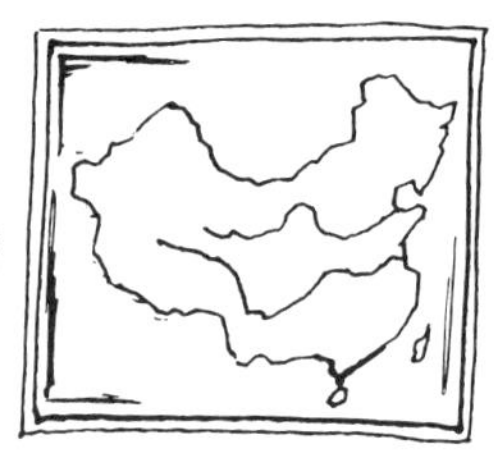

---

8. Zhèi liè huǒchē cháng ma? Shì hóng de ma?

Liànxí 8

... BǏ ... DÀ

Lìzi:

gōnggòngqìchē / qìchē / dà

Zhèi liàng gōnggòngqìchē bǐ nèi liàng qìchē dà.

1. shū / huǒchái / dà

   ______________________________.

2. zázhì / dìtú / xiǎo

   ______________________________.

3. huǒchē / gōnggòngqìchē / cháng

   ______________________________.

4. yàoshi / chǐ / duǎn

   ______________________________.

5. yǐzi / zhuōzi / xiǎo

   ______________________________.

6. qiānbǐ / xiāngyān / cháng

   ______________________________.

7. qiānbǐ / lǐngdài / duǎn

   ______________________________.

8. hēi de fēijī / bái de fēijī / dà

   ______________________________.

9. zìxíngchē / qìchē / xiǎo

   ______________________________.

10. hóng de lǐngdài / lán de lǐngdài / cháng

    ______________________________.

4 DÌSÌKÈ — NÈIRÓNG

Zhè shì shénme?

- Zhè shì yì zhāng huà.
  yí jiàn dàyī.
  yì zhǎn dēng.

Zhǐ zài náli?

- Zhǐ zài zhuōzi shàngmian.
  shū lǐmian.
  yǐzi xiàmian.

Zhè shì shénme guójiā?
Zhè shì něi ge guójiā (něi guó)?

- Zhè shì Zhōngguó.
  Rìběn.
  Yìndù.
  Sūlián.(Èguó)
  Fǎguó.
  Déguó.
  Měiguó.
  Yīngguó.

Zhè shì shénme chéngshì?
Zhè shì něi ge chéngshì?

- Zhè shì Běijīng.
  Hángzhōu.
  Dōngjīng.
  Zháhuǎng.
  Xīndélǐ.
  Mòsīkē.
  Bālí.
  Bólín.
  Lúndūn.
  Huáshèngdùn.

Běijīng zài Rìběn háishi zài Zhōngguó?

- Běijīng zài Zhōngguó.

Dōngjīng shì Rìběn de yí ge chéngshì ma?

- Shì, Dōngjīng shì Rìběn de yí ge chéngshì.

Bōyīn qīsìqī shì Měiguó fēijī ma?

- Shì, Bōyīn qīsìqī shì Měiguó fēijī.

<u>Duìhuà</u>:

- "Ní hǎo ma?"
- "Wó hén hǎo."
- "Zài jiàn!"

<u>Shùmù</u>:

Èr jiā èr děngyú sì.

Sān jiā èr děngyú wǔ.

ZHŌNGGUÓ DÌTÚ

Zhè shì yì zhāng dìtú. Zhè shì Zhōngguó. Zhōngguó shì yí ge guójiā. Shì yí ge dà guó.

Nàme, Běijīng ne? Běijīng yě shì yí ge guójiā ma? Bú shì, Běijīng bú shì yí ge guójiā, Běijīng shì yí ge chéngshì. Běijīng shì yí ge xiǎo chéngshì ma? Bú shì, Běijīng bú shì yí ge xiǎo chéngshì, shì yí ge dà chéngshì.

Běijīng zài Zhōngguó. Nàme, Hángzhōu ne? Hángzhōu yě zài Zhōngguó, dànshi bú shì yí ge dà chéngshì. Hángzhōu shì yí ge xiǎo chéngshì, shì yí ge Zhōngguó xiǎo chéngshì.

Liànxí 9

Lìzi: Běijīng zài Zhōngguó ma?

Shì, Běijīng zài Zhōngguó.

1. Zhōngguó shì yí ge dà guó ma?

____.

2. Bālí zài Déguó háishi zài Fǎguó?

____.

3. Nàme, Bólín ne?

____.

4. Bólín shì yíge xiǎo chéngshì háishi dà chéngshì?

____.

5. Niǔyuē zài Rìběn háishi zài Měiguó?

____.

6. Něi ge chéngshì zài Rìběn?

____.

7. Hángzhōu shì yí ge dà chéngshì ma?

____.

8. Hángzhōu shì shénme yàngzi de chéngshì?

____.

9. Mòsīkē zài Zhōngguó ma?

____.

10. Mòsīkē zài náli?

____.

Liànxí 10

Lìzi: Rolls Royce shì shénme?
Shì Yīngguó qìchē.

Rénmín Rìbào shì shénme?
Shì Zhōngguó bàozhǐ.

1. Bālí shì shénme?

______________________________.

2. Nissan shì shénme?

______________________________.

3. London Times shì shénme?

______________________________.

4. Newsweek shì shénme?

______________________________.

5. Bōyīn qīsìqī shì shénme?

______________________________.

6. Běijīng shì shénme?

______________________________.

7. Pravda shì shénme?

______________________________.

8. Mercedes shì shénme?

______________________________.

ZÀI SHÀNGMIAN, ZÀI XIÀMIAN, ZÀI LǏMIAN?

Shū zài zhuōzi shàngmian. Zhǐ bú zài zhuōzi shàngmian. Zhǐ zài zhuōzi xiàmian, dìbǎn shàngmian.

Nàme, qiānbǐ ne? Qiānbǐ yě zài dìbǎn shàngmian ma? Bù, qiānbǐ bú zài dìbǎn shàngmian. Zài shū shàngmian ma? Bù, yě bú zài shū shàngmian. Zài shū lǐmian.

Nàme, huà ne? Huà zài yǐzi shàngmian ma? Bù, huà bú zài yǐzi shàngmian. Huà zài nǎli? Huà zài qiáng shàngmian.

Huà zài qiáng shàngmian. Dìtú yě zài qiáng shàngmian. Zhǐ yě zài qiáng shàngmian ma? Bù, zhǐ bú zài qiáng shàngmian. Zhǐ zài dìbǎn shàngmian, zhuōzi xiàmian.

Liànxí 11

1. Shū zài zhuōzi shàngmian ma?

   ____.

2. Shū zài xiǎo zhuōzi shàngmian ma?

   ____.

3. Shū zài shénme yàngzi de zhuōzi shàngmian?

   ____.

4. Dēng zài nǎli?

   ____.

5. Qiānbǐ zài shū xiàmian háishi zài shū lǐmian?

   ____.

6. Shénme zài shū xiàmian?

   ____.

7. Huà zài nǎli?

   ____.

8. Shénme zài yǐzi shàngmian?

   ____.

9. Zhí yě zài yǐzi shàngmian ma?

   ____.

10. Zhǐ zài nǎli?

   ____.

5 DÌWǓKÈ — NÈIRÓNG

Tā shì shéi?

- Tā shì Wáng xiānsheng.
  tàitai.
  xiáojie.

Tā shì yí ge nánrén háishi yí ge nǚrén?

Tā shì / Wǒ shì / Nǐ shì } yí ge { nánrén. / nǚrén. / háizi. / nánháizi. / nǚháizi.

Nǐ shì něi guó rén?

Wǒ shì (yí ge) Zhōngguórén.
Měiguórén.
Déguórén.
Fǎguórén.
Rìběnrén.
Yìdàlìrén.
Xībānyárén.
Èguórén.

Nǐ shì cóng náli lái de?

- Wǒ shì cóng Zhōngguó lái de.
- Morgan xiānsheng shì cóng Niǔyuē lái de.

Nǐ shì Měiguórén ma?

- Shì, wǒ shì Měiguórén.

"Nǐ shì Měiguórén ma?"
Zhè shì wèntí.
Wǒ wèn nǐ wèntí.

- Shì, wǒ shì Měiguórén.
  Nǐ héidá.

Shùmù

16 - shíliù

17 - shíqī

18 - shíbā

19 - shíjiǔ

20 - èrshí

Duìhuà:

"Duìbuqǐ."
"Méi guānxi."
"Ní hǎo!"

NÍ HǍO!

- Nǐ shì Morgan xiānsheng ma?
- Wǒ bú shì. Tā shì Morgan xiānsheng.
- A, duìbuqǐ. Wǒ ...
- Méi guānxi.

- Morgan xiānsheng?
- Shì, ...
- Wǒ shì Wáng xiānsheng.
- A, Wáng xiānsheng. Ní hǎo!
- Morgan xiānsheng. Ní hǎo! Nǐ shì Měiguórén ma?
- Shì, wǒ shì cóng Niǔyuē lái de. Nǐ ne?
- Wǒ shì Zhōngguórén. Wǒ shì cóng Běijīng lái de.

Wǒ shì cóng ... lái de.		Wǒ shì ...
Měiguó		Měiguórén
Déguó		Déguórén
Fǎguó	⇨	Fǎguórén
Rìběn		Rìběnrén
Yìdàlì		Yìdàlìrén
Xībānyá		Xībānyárén
Sūlián		Èguórén

Liànxí 12

Lìzi: Wáng xiānsheng shì Zhōngguórén ma?

Shì, tā shì Zhōngguórén.

1. Duval tàitai shì Fǎguórén ma?

____.

2. Nàme, Duval xiānsheng ne?

____.

3. Rossi xiānsheng shì cóng Sūlián lái de ma?

____.

4. Rossi xiānsheng shì cóng něi ge guójiā lái de?

____.

5. Schmidt xiáojie shì cóng něi ge guójiā lái de?

____.

6. Nàme, Schmidt xiānsheng ne?

____.

7. Haneda xiānsheng shì Zhōngguórén háishi Rìběnrén?

____.

8. Lopez xiáojie shì něi guó rén?

____.

9. Morgan xiānsheng shì cóng Déguó lái de, háishi cóng Měiguó lái de?

____.

10. Nàme, Ivanov tàitai shì cóng náli lái de?

____.

NǏ SHÌ CÓNG NÁLI LÁI DE?

- Nǐ shì shéi?
- Wǒ shì Wáng xiānsheng.
- Nǐ shì něi guó rén?
- Wǒ shì Zhōngguórén.
- Nǐ shì cóng náli lái de?
- Wǒ shì cóng Běijīng lái de.

Liànxí 13

Lìzi: Tā shì Wáng xiānsheng.

Tā shì shéi?

1. Wáng xiānsheng shì Zhōngguórén.

   ______________________________ ?

2. Tā shì cóng Běijīng lái de.

   ______________________________ ?

3. Běijīng shì yíge chéngshì.

   ______________________________ ?

4. Haneda xiānsheng shì cóng Dōngjīng lái de.

   ______________________________ ?

5. Shànghǎi shì yíge dà chéngshì.

   ______________________________ ?

6. Běijīng zài Zhōngguó.

   ______________________________ ?

7. Dōngjīng shì yíge Rìběn chénghsì.

   ______________________________ ?

8. Haneda xiānsheng shì Rìběnrén.

   ______________________________ ?

CHÉN XIĀNSHENG HÉ CHÉN TÀITAI

Chén xiānsheng shì nánrén. Tā shì Zhōngguórén. Tā shì cóng yíge Zhōngguó xiǎo chéngshì lái de. Chén tàitai shì nǚrén. Tā yě shì Zhōngguórén.

Nàme, nèi ge nánháizi shì shéi ne? Nèi ge nánháizi shì Chén Dàhuá. Nèi ge nǚháizi ne? Tā shì Chén Xiǎomíng.

Chén xiānsheng, Chén tàitai, Ní hǎo!

Liànxí 14

1. Chén xiānsheng shì yíge nánrén ma?

   ______________________________.

2. Tā shì Rìběnrén ma?

   ______________________________.

3. Tā shì něi guó rén?

   ______________________________.

4. Chén xiānsheng shì cóng Běijīng lái de ma?

   ______________________________.

5. Tā shì cóng náli lái de?

   ______________________________.

6. Chén tàitai yě shì nánrén ma?

   ______________________________.

7. Chén tàitai shì nánrén háishi nǚrén?

   ______________________________.

8. Chén Dàhuá shì nánháizi ma?

   ______________________________.

9. Nàme, Chén Xiǎomíng ne?

   ______________________________.

10. Shéi shì nánháizi ne?

    ______________________________.

FÙXÍ
DÌYÍKÈ

NIǓYUĒ SHÌ YÍ GE DÀ CHÉNGSHÌ

Nǐ shì Zhōngguórén ma?

-- Bú shì, wǒ bú shì Zhōngguórén. Wǒ shì yí ge Měiguórén. Wǒ shì cóng Niǔyuē lái de.

-- Niǔyuē shì yí ge guójiā ma?

-- Bú shì, Niǔyuē bú shì yí ge guójiā. Shì yí ge chéngshì. Niǔyuē shì Měiguó de yí ge dà chéngshì.

-- Shànghǎi shì Zhōngguó de dà chéngshì. Shànghǎi bí Niǔyuē dà ma?

-- Shànghǎi bǐ Niǔyuē dà. Nǐ shì cóng Shànghǎi lái de ma?

-- Shì, wǒ shì cóng Shànghǎi lái de.

Liànxí 15

1. Nèi ge nánrén shì Zhōngguórén ma?

   ____.

2. Tā shì něi guó rén?

   ____.

3. Tā shì cóng něi ge chéngshì lái de?

   ____.

4. Niǔyuē shì yí ge dà chéngshì ma?

   ____.

5. Shànghǎi yě shì yíge Měiguó de chéngshì ma?

   ____.

6. Shànghǎi shì něi guó de chéngshì?

   ____.

7. Shànghǎi yě shì yí ge dà chéngshì ma?

   ____.

8. Shànghǎi bí Niǔyuē dà ma?

   ____.

9. Nèi ge xiǎo háizi shì cóng Běijīng lái de ma?

   ____.

10. Tā shì cóng něige chéngshì lái de?

    ____.

Liànxí 16

LIÀNGCÍ LIÀNXÍ

Lìzi: yì ___a___ shū

a.	běn	f.	zhāng	k.	liàng
b.	jiàn	g.	jià	l.	gēn
c.	zhǎn	h.	tiáo	m.	sāo
d.	zhī	i.	liè	n.	ge
e.	fèn	j.	bǎ		

1. liǎng ______ qīanbǐ
2. sān ______ zhǐ
3. sì ______ yǐzi
4. wǔ ______ zhuōzi
5. liù ______ zázhì
6. qī ______ bàozhǐ
7. bā ______ qìchē
8. jiǔ ______ gōnggòngqìchē
9. shí ______ zìxíngchē
10. shíyī______ fēijī
11. shíèr ______ huǒchē
12. shísān ______ chuán
13. shísì ______ chǐ
14. shíwǔ ______ yàoshi
15. shíliù ______ lǐngdài
16. shíqī ______ xiāngyān
17. shíbā ______ xuějiā
18. shíjiǔ ______ huǒchái
19. èrshí ______ huà
20. nèi ______ dàyī
21. néi ______ dēng?
22. zhèi ______ guójiā
23. yí ______ chéngshì
24. liǎng ______ nǚháizi
25. èrshí ______ Rìběnrén

Liànxí 17

SHÉNME?

Lìzi: Zhè shì yì zhī qiānbǐ. __b__

1. Tā shì Wáng xiānsheng. _____
2. Hěn dà. _____
3. Zài zhuōzi shang. _____
4. Zhè shì Zhōngguó. _____
5. Shì, zhè shì yì běn shū. _____
6. Zhè shì qìchē. _____
7. Tā shì cóng Běijīng lái de. _____
8. Shì lán de. _____
9. Wǒ shì Déguórén. _____

a. Zhè shì yì běn shū ma?
b. Zhè shì shénme?
c. Zhè shì fēijī háishi qìchē?
d. Nèi sāo chuán shì shénme yánsè de?
e. Nèi liàng qìchē shì shénme yàngzi de?
f. Zhǐ zài náli?
g. Zhè shì shénme guójiā?
h. Tā shì shéi?
i. Nǐ shì něi guó rén?
j. Lǐ xiānsheng shì cóng náli lái de?

6 DÌLIÙKÈ — NÈIRÓNG

Guì xìng?
- Wǒ xìng Wáng.
- Wǒ de míngzi jiào Wáng Dàhuá.
- Wǒ xìng Wáng, míngzi jiào Dàhuá.

Tā xìng shénme?
- Tā xìng Morgan.

Morgan xiānsheng jiào shénme míngzi?
- Tā de míngzi jiào John.

Zhè shì shénme?
- Zhè shì yí jiàn jiákè.
  yí jiàn chènshān.
  yí jiàn zhōngshānzhuāng.
  yì tiáo kùzi.
  yì tiáo qúnzi.
  yì tiáo liányīqún.
  yì dǐng màozi.
  yì shuāng xiézi.
  yì zhī xiézi.
  yí ge píjiázi.
  yí ge kǒudài.

  yì zhī shǒu.
  yì zhī jiǎo
  yì tiáo tuǐ.

Tā shì shéi?
- Tā shì wǒ (de) fùqin. / bàba.
  mǔqin. / māma.
  àirén.
  érzi
  nǚér.

Wó yǒu shénme?
- Wó yǒu yì dǐng màozi.
- Nǐ méi yǒu màozi.
- Ní yě méi yǒu chènshān.
- Wǒ méi yǒu qián.
- Tā yóu liǎng jiàn chènshān.

Zài nǎr?
- Zài wǒ de shóu lǐmian.
- Zài nǐ de yòu jiǎo shàngmian.
- Zài nǐ de zuó shóu lǐmian.
- Zài Wáng xiānsheng de zuǒbian.
- Zài wǒ érzi de yòubian.

Shùmù:

21 - èrshíyī

22 - èrshíèr

23 - èrshísān

.

.

.

30 - sānshí

Sì chéng sān děngyú shíèr.

NǏ GUÌ XÌNG?

- Nǐ guì xìng?
- Wǒ xìng Lǐ. Nǐ guì xìng?
- Wǒ xìng Duval. Míngzi jiào Marie.
- Duval xiáojie! Ní hǎo! Nǐ shì Měiguórén ma?
- Bú shì. Wǒ shì Fǎguórén. Tā shì Měiguórén.
- Tā de míngzi jiào shénme?
- Tā de míngzi jiào John Morgan.
- "John" shì bú shì tā de xìng?
- Bú shì. "John" shì tā de míngzi. "Morgan" shì tā de xìng.
- Wǒ de míngzi jiào Lǐ Dàhuá. "Lǐ" shì wǒ de xìng, "Dàhuá" shì wǒ de míngzi.

Liànxí 18

1. Nèi ge Fǎguórén xìng Lǐ ma?

____.

2. Shéi xìng "Lǐ"? Nèi ge Zhōngguórén háishi nèi ge Fǎguórén?

____.

3. Nèi ge Fǎguó xiáojie xìng shénme?

____.

4. Duval xiáojie de míngzi jiào shénme?

____.

5. Nèi ge Měiguórén de míngzi jiào shénme?

____.

6. Shéi xìng "Morgan"? Nèige Fǎguórén háishi nèi ge Měiguórén?

____.

7. "John" shì Morgan xiānsheng de míngzi ma?

____.

8. Lǐ Dàhuá xìng "Dàhuá" ma?

____.

9. Nàme, tā xìng shénme ne?

____.

10. Tā de míngzi jiào shénme ne?

____.

Liànxí 19

YǑU / MÉI YǑU — SHÌ / BÚ SHÌ — ZÀI / BÚ ZÀI

Lìzi: Lǐ xiānsheng yǒu zhōngshānzhuāng.

Lǐ xiānsheng méi yǒu zhōngshānzhuāng.

Zhè shì Lǐ xiānsheng de zhōngshānzhuāng.

Zhè bú shì Lǐ xiānsheng de zhōngshānzhuāng.

Zhōngshānzhuāng zài zhuōzi shàngmian.

Zhōngshānzhuāng bú zài zhuōzi shàngmian.

1. Xiézi zài yǐzi xiàmian.

 ______________________________.

2. Wǒ érzi yǒu hóng jiákè.

 ______________________________.

3. Wǒ de àirén shì Zhōngguórén.

 ______________________________.

4. Wǒ yǒu Zhōngguó dìtú.

 ______________________________.

5. Wáng xiānsheng zài Běijīng.

 ______________________________.

6. Mèimei yǒu Fǎguó liányīqún.

 ______________________________.

7. Wǒ de qìchē shì Déguó qìchē.

 ______________________________.

8. Lǐ tàitai de nǚér zài Xībānyá.

 ______________________________.

9. Tā fùqin shì Èguórén.

 ______________________________.

LǏ DÀHUÁ HÉ TĀ DE TÀITAI

Zhèi ge nánrén shì Lǐ Dàhuá. Lǐ xiānsheng yòubian de nǚrén shì shéi? Tā shì Lǐ xiānsheng de àirén. Lǐ tàitai de míngzi jiào shénme ne? Tā de míngzi jiào Wénbì.

Lǐ Dàhuá de zhōngshānzhuāng shì hēi de. Tā yǒu méi yǒu lǐngdài? Tā méi yǒu lǐngdài. Tā yǒu yì dǐng màozi. Nèi dǐng màozi zài tā de yòu shǒu li. Tā de zuǒ shǒu zài tā de kǒudài lǐmian.

Lǐ tàitai méi yǒu zhōngshānzhuāng. Tā yě méi yǒu màozi. Nàme, tā yǒu shénme ne? Tā yǒu bái chènshān. Tā yé yǒu hēi qúnzi. Tā de xiézi shì shénme yánsè de ne? Tā de xiézi yě shì hēi de.

Lǐ xiānsheng, Lǐ tàitai yǒu yí ge nǚér, dànshi méi yǒu érzi. Nǚér de míngzi jiào Méimei.

Liànxí 20

1. Lǐ xiānsheng yǒu méi yǒu àirén?

    ____.

2. Tā àirén de míngzi jiào shénme?

    ____.

3. Lǐ xiānsheng de zhōngshānzhuāng shì bái de háishi hēi de?

    ____.

4. Tā yóu lǐngdài ma?

    ____.

5. Tā de yòu shóu li yǒu shénme?

    ____.

6. Tā de zuó shǒu zài nǎli?

    ____.

7. Lǐ tàitai yǒu zhōngshānzhuāng ma?

    ____.

8. Lǐ tàitai yǒu xiézi ma?

    ____.

9. Tā de chènshān shì bú shì bái de?

    ____.

10. Lǐ xiānsheng, Lǐ tàitai yǒu méi yǒu érzi?

    ____.

11. Méiměi shì shéi?

    ____.

12. Shéi shì Méiměi de fùqin?

    ____.

Liànxí 21

Lìzi: Qiānbǐ zài wǒ de zuó shóu li.

<u>Wǒ de zuó shóu li yǒu qiānbǐ.</u>

1. Màozi zài Lǐ xiānsheng de zhuōzi shang.

   ____ .

2. Lǜ jiákè zài tā de yǐzi xià.

   ____ .

3. Xiǎo píjiázi zài wǒ de shóu li.

   ____ .

4. Měiguó dìtú zài qiáng shang.

   ____ .

5. Hēi zhōngshānzhuāng zài dà lán zhuōzi shang.

   ____ .

6. Wǒ de zázhì zài nǐ de yòu shóu li.

   ____ .

7. Nǐ de duǎn yàoshi zài wǒ de chènshān kǒudài li.

   ____ .

8. Zhāng tàitai zài chuán shang.

   ____ .

9. Huǒchái hé xiāngyān zài zhuōzi xià.

   ____ .

10. Rìběn xiǎo qìchē zài Déguó cháng huǒchē lǐmian.

    ____ .

11. Chén xiānsheng érzi de zìxíngchē zài dìbǎn shang.

    ____ .

12. Chǐ zài zhǐ shang.

    ____ .

SHÙMÙ, SHÙMÙ, SHÙMÙ!

21	-	èrshíyī
22	-	èrshíèr
23	-	èrshísān
24	-	èrshísì
25	-	èrshíwǔ
26	-	èrshíliù
27	-	èrshíqī
28	-	èrshíbā
29	-	èrshíjiǔ
30	-	sānshí

Liànxí 22

Lìzi: 5 x 3 Wǔ chéng sān děngyú shíwǔ.

1. 29 - 22 ______________________________.
2. 9 + 2 ______________________________.
3. 1 x 1 ______________________________.
4. 28 - 3 ______________________________.
5. 2 x 6 ______________________________.
6. 17 + 6 ______________________________.
7. 19 - 14 ______________________________.
8. 5 x 4 ______________________________.
9. 21 + 4 ______________________________.
10. 8 + 10 ______________________________.
11. 2 x 15 ______________________________.
12. 28 - 7 ______________________________.

7 DÌQÍKÈ — NÈIRÓNG

Zhè shì shénme?
- Zhè shì yí fèn càidān.
  yí bù diànhuà.
  yí jià dǎzìjī.
  yí ge yānhuīgāng.

Tā shì shéi?
- Tā shì yí ge fúwùyuán.
  kèren.
  lǎoshī.
  xuésheng.
  mìshū.
  zhúguǎn.
  bàngōngshì de zhúguǎn.

Nǐ zhàn zhe háishi zuò zhe?
- Wǒ zhàn zhe.
- Mìshū zuò zhe.

Nǐ zhàn zai náli?
- Wǒ zhàn zai nǐ (de) qiánmian.
  yǐzi (de) hòumian.
  yǐzi hé qiáng (de) zhōngjiān.
  zhúguǎn de pángbiān.

Nǐ zuò zai náli?
- Wǒ zuò zai jiàoshì lǐmian.
- Wǒ zuò zai bàngōngshì li.
- Wǒ zuò zai fànguán li.

Zhàn qǐ lai!

Zuò xia!

Wáng xiānsheng zài náli?
- Wáng xiānsheng zài jiā li.

...shéi de?
- Zhèi xiē shì wǒmen de shū.
- Nèi xiē shì tāmen de qiānbǐ.

Shùmù:

- sānshíyī (31)...yìbǎi (100)
- líng (0)

Duìhuà:

- "Zài nàr." ("Zài náli.")

MORGAN XIĀNSHENG DE BÀOZHǏ

Zhè shì yí ge bàngōngshì. Huà lǐmian de nánrén shì Morgan xiānsheng. Morgan xiānsheng shì bàngōngshì de zhǔguǎn.

Morgan xiānsheng zhàn zhe. Tā zhàn zai zhuōzi qiánmian. Nà shì tā de zhuōzi ma? Bù, nà bú shì tā de zhuōzi; shì tā (de) mìshū de zhuōzi. Mìshū zuò zai zhuōzi hòumian. Tā de míngzi jiào Janet. Tāmen liǎng ge rén zài Morgan xiānsheng de bàngōngshì li.

Janet de dǎzìjī zài tā de qiánmian, zài zhuōzi shàngmian. Diànhuà yě zài tā qiánmian, zài tā de yòubian. Yānhuīgāng yě zài tā de yòubian ma? Yānhuīgāng zài tā de yòubian, dànshí bú zài tā de qiánmian. Nèi ge yānhuīgāng zài tā de pángbiān. Tā de xiāngyān zài yānhuīgāng li.

Morgan xiānsheng de zuǒ shǒu li yǒu zhǐ. Shì yí fèn bàozhǐ ma? Bú shì, bú shì bàozhǐ. Morgan xiānsheng de bàozhǐ zài nǎli? Zài Janet de zhuōzi shàngmian ma? Zài Morgan xiānsheng de yòu shǒu li ma? Zài tā de qiánmian ma? Zài nǎli?

Liànxí 23

1. Janet hé Morgan xiānsheng zài fànguán lǐmian ma?

______________________________.

2. Tāmen zài jiā li háishi zài bàngōngshì li?

______________________________.

3. Morgan xiānsheng shì bàngōngshì de zhǔguǎn ma?

______________________________.

4. Tā zhàn zai zhuōzi qiánmian ma?

______________________________.

5. Tā zhàn zai tā de zhuōzi qiánmian ma?

______________________________.

6. Nàme, tā zhàn zai shéi de zhuōzi qiánmian ne?

______________________________.

7. Shéi zuò zai zhuōzi hòumian?

______________________________.

8. Janet de diànhuà zài tā de pángbiān háishi zài tā de qiánmian?

______________________________.

9. Nàme, shénme zài tā de pángbiān ne?

______________________________.

10. Morgan xiānsheng de zuǒ shǒu lǐmian yǒu shénme?

______________________________.

11. Bàozhǐ zài tā de qiánmian ma?

______________________________.

12. Bàozhǐ zài nǎli?

______________________________.

Liànxí 24

"ZÀI QIÁNMIAN", "ZÀI HÒUMIAN" "ZÀI PÁNGBIĀN", háishi "ZÀI ZHŌNGJIĀN"

Lìzi: Lǎoshī zài dìtú qiánmian.

1. Xuésheng zuò zai lǎoshī ____________.
2. Dìtú zài lǎoshī ____________.
3. Lǎoshī zài xuésheng hé zhuōzi ____________.
4. Lǎoshī zhàn zai xuésheng ____________.
5. Zhuōzi zài lǎoshī ____________.

Xuésheng zài jiàoshì lǐmian.

6. Fúwùyuán zhàn zai kèren ____________.
7. Kèren zuò zai zhuōzi ____________.
8. Zhuōzi zài fúwùyuán hé kèren ____________.
9. Nánrén zuò zai nǚrén ____________.
10. Càidān zài kèren ____________.

Kèren zài fànguǎn lǐmian.

SHÙMÙ

31	sānshíyī	41	sìshíyī
32	sānshíèr	42	sìshíèr
33	sānshísān	43	sìshísān
34	sānshísì	44	sìshísì
35	sānshíwǔ	50	wǔshí
36	sānshíliù	60	liùshí
37	sānshíqī	70	qīshí
38	sānshíbā	80	bāshí
39	sānshíjiǔ	90	jiǔshí
40	sìshí	100	yìbǎi

Liànxí 25

Lìzi: 37 sānshíqī

1. 76 ________
2. 38 ________
3. 57 ________
4. 94 ________
5. 59 ________
6. 44 ________
7. 85 ________
8. 33 ________
9. 67 ________
10. 51 ________
11. 48 ________
12. 81 ________
13. 100 ________
14. 39 ________
15. 92 ________
16. 73 ________
17. 35 ________
18. 55 ________
19. 42 ________
20. 88 ________
21. 31 ________
22. 59 ________

Liànxí 26

"BÚ DÀ, HĚN XIǍO"

Lìzi: Zhè bú shì yíge dà fànguǎn; shì yíge xiǎo fànguǎn.

1. Nèi ge nǚrén zuó shǒu bú zài zhuōzi shàngmian; tā de zuó shǒu zài zhuōzi ______________.

2. Nèi ge fúwùyuán bú zài nǚrén de zuǒbian; tā zài nǚrén de ______________.

3. Tā de jiákè bú shì bái de; shì ______________.

4. Càidān bú zài tā de zuó shóu li; càidān zài tā de ______________ li.

5. Nèi ge nánrén bú zài fúwùyuán qiánmian; tā zài fúwùyuán de ______________.

6. Tā de lǐngdài bù duǎn; tā de lǐngdài ______________.

7. Zhuōzi bú zài tā de hòumian; zhuōzi zài tā de ______________.

8 DÌBÁKÈ — NÈIRÓNG

Nǐ zài zuò shénme?
- Wǒ zài kàn shū.
- Wǒ zài kàn baòzhǐ.
- Wǒ zài xiě zì.

Nǐ zài shǔ ma?
- Shì, wǒ zài shǔ.
- Wǒ cóng yī shǔ dào shí.
- Wǒ zài shǔ qián.

Ní yǒu duōshao qián?
- Wó yǒu shí kuài qián.
  shí kuài Měiyuán.
  shí kuài Rénmínbì.
  Rìyuán.

Zhuōzi shang yǒu duōshao qián?
- Zhuōzi shang yǒu sān kuài wǔ máo Rénmínbì.
- Zhuōzi shang yǒu sān kuài wǔ Rénmínbì.
- Zhuōzi shang yǒu sān kuài wǔ máo jiǔ fēn Rénmínbì.

Zhèi běn shū yào duōshao qián?
- Zhèi běn shū yào liǎng kuài sān máo Rénmínbì.

Nèi liàng qìchē guì bu guì?
- Nèi liàng qìchē hěn guì.
  hěn piányi.

Nèi jiàn chènshān bǐ zhèi tiáo kùzi guì ma?
- Nèi jiàn chènshān bǐ zhèi tiáo kùzi guì.
- Wǒ de jiákè bí nǐ de jiákè piányi.

Zhèi shí jiàn zhōngshānzhuāng yígòng yào duōshao qián?
- Zhèi shí jiàn zhōngshānzhuāng yígòng yào liángbái wǔshí kuài Rénmínbì.

Ní yǒu duōshao qián?
- Wó zhí yǒu sān máo Rénmínbì.

Zhuōzi shang yǒu shénme?
- Zhuōzi shang yǒu sān zhī qiānbǐ.

Hái yǒu shénme?
- Hái yǒu yì běn shū.

zhèli = zhèr
nàli = nàr

<u>Shùmù</u>:

Yìbǎi líng yī (101) - yìqiān (1000)

YÍ GÒNG DUŌSHAO QIÁN?

- Qíng géi wó wǔ zhī xuějiā.
- Wǔ zhī Měiguó xuějiā háishi Zhōngguó xuějiā?
- Zhōngguó xuějiā guì ma?
- Bú guì. Měiguó xuějiā bǐ Zhōngguó xuějiā guì.
- Nàme, wǔ zhī Zhōngguó xuějiā.
- Hǎo. Bàozhǐ ne? Wó yǒu Měiguo bàozhǐ, Yīngguó bàozhǐ. Yé yǒu zhèi xiē Zhōngguó bàozhǐ.
- Qíng géi wǒ zài nǐ yòubian de nèi fèn bàozhǐ.
- Shì zhèi fèn bàozhǐ ma?
- Shì nèi fèn Yīngguó bàozhǐ.
- Hǎo.
- Yí gòng duōshao qián?
- Yí zhī xuějiā yí kuài Rénmínbì. Yí fèn bàozhǐ wǔ máo Rénmínbì. Yígòng wǔ kuài wǔ máo Rénmínbì.
- Hǎo. Zhè shì liù kuài Rénmínbì.
- Hǎo. Zhè shì wǔ máo Rénmínbì. Xièxie.

Liànxí 27

1. Nèi ge nánrén de qiánmian yóu wǔshí zhī xuějiā ma?

______________________________.

2. Tā de qiánmian yǒu duōshao zhī xuějiā ne?

______________________________.

3. Zhōngguó xuějiā bí Měiguó xuějiā piányi ma?

______________________________.

4. Nèi ge nǚrén yóu něi sān guó de bàozhǐ?

______________________________.

5. Tā de shóu li yóu něi guó de bàozhǐ?

______________________________.

6. Yīngguó bàozhǐ zài tā de zúo shóu li háishi zài tā de yòu shóu li?

______________________________.

7. Yì zhī xuějiā duōshao qián?

______________________________.

8. Wǔ zhī xuějiā ne?

______________________________.

9. Yì zhī xuějiā bǐ yí fèn bàozhǐ guì, háishi yí fèn bàozhǐ bǐ yì zhī xuějiā guì?

______________________________.

10. Wǔ zhī xuějiā hé yí fèn bàozhǐ yígòng duōshao qián?

______________________________.

YĪ, ÈR, SĀN ... YÌ BĚN, LIÁNG BĚN, SĀN BĚN

èr	běn	liáng běn	(shū)
	zhī	liǎng zhī	(qīanbǐ)
	zhāng	liǎng zhāng	(zhuōzi)
	fèn	liǎng fèn	(zázhì)
	kuài	liǎng kuài	(Rénmínbì)
	máo	liǎng máo	(Rénmínbì)
	fēn	liǎng fēn	(Rénmínbì)

Liànxí 28

Lìzi: 2, shū liáng běn shū
22, zázhì èrshíèr fèn zázhì

1. 2, qiānbǐ ______
2. 20, zhǐ ______
3. 0.20 yuán ______
4. 0.02 yuán ______
5. 2 yuán ______
6. 12, yǐzi ______
7. 22, shū ______
8. 2, bàozhǐ ______
9. 2, zhuōzi ______
10. 12, bǐ ______

SHǓ

Liànxí 29

Lìzi: Zhuōzi shàngmian yǒu (5) ______________________.

Zhuōzi pángbiān de xiáo yǐzi shàngmian yǒu shénme? Yǒu (1) ______________________, hé (2) ______________________ ______________. Xiáo yǐzi xiàmian yé yǒu yì zhāng zhǐ ma? Zhèi bá yǐzi xiàmian yǒu (3) ______________________ ______________. Dìbǎn shang yǒu shū ma? Dìbǎn shang yǒu (4) ______________________________. Zhuōzi shàngmian yé yǒu shū ma? Yǒu, zhuōzi shàngmian yǒu (5)______________ ______________. Zhuōzi shàngmian hái yǒu shénme? Yǒu xuějiā ma? Yǒu, zhuōzi shàngmian yǒu (6) ______________ ______________________ hé (7) ______________________。 Hái yǒu shénme ne? Hái yǒu (8)______________________.

SHÙMÙ

101	yìbǎi líng yī
102	yìbǎi líng èr
103	yìbǎi líng sān
110	yìbǎi yīshí
120	yìbǎi èrshí
130	yìbǎi sānshí
200	liǎngbǎi
310	sānbǎi yīshí
432	sìbǎi sānshíèr
1000	yìqiān

Liànxí 30

Lìzi: 525 wǔbǎi èrshíwǔ

1. 201 ____________
2. 328 ____________
3. 756 ____________
4. 233 ____________
5. 567 ____________
6. 682 ____________
7. 148 ____________
8. 403 ____________
9. 125 ____________
10. 868 ____________
11. 243 ____________
12. 999 ____________
13. 687 ____________

Liànxí 31

1. Nèi jiàn jiákè duōshao qián?

____.

2. Nèi jiàn chènshān bǐ nèi tiáo qúnzi guì ma?

____.

3. Nèi tiáo qúnzi duōshao qián?

____.

4. Nàme, nèi jiàn chènshān duōshao qián ne?

____.

5. Nèi shuāng nánrén de xiézi bǐ nèi shuāng nǚrén de xiézi guì ma?

____.

6. Nèi dǐng nǚrén de màozi bǐ nèi dǐng nánrén de màozi guì ma?

____.

7. Nèi tiáo hēi kùzi bǐ nèi tiáo huī kùzi guì ma?

____.

8. Nèi tiáo hēi kùzi duōshao qián?

____.

Liànxí 32

QIÁN

Lǐzi: 4 yuán sì kuài Rénmínbì

0.5 yuán wǔ máo Rénmínbì

0.03 yuán sān fēn Rénmínbì

453.98 yuán sìbǎi wǔshísān kuài jiǔ máo bā fēn Rénmínbì

1. 8 yuán ______
2. 10.75 yuán ______
3. 0.53 yuán ______
4. 123.45 yuán ______
5. 678.90 yuán ______
6. 103.07 yuán ______
7. 0.01 yuán ______
8. 0.60 yuán ______
9. 3.48 yuán ______
10. 999.99 yuán ______
11. 14.14 yuán ______
12. 758 yuán ______
13. 68.86 yuán ______
14. 972.83 yuán ______
15. 1000 yuán ______

9 DÌJIǓKÈ — NÈIRÓNG

Ní yóu hěn duō qián ma?

- Yǒu, wó yóu hěn duō qián.
- Wǒ méi yǒu hěn duō qián.
- Wǒ de qián hén shǎo.

Zhèi ge xuéxiào de xuésheng bí lǎoshī duō ma?

- Shì, xuésheng bí lǎoshī duō.
- Lǎoshī bǐ xuésheng shǎo.

Wǒ de qìchē gēn nǐ de qìchē yíyàng ma?

- Wǒ de qìchē gēn nǐ de qìchē yíyàng.
- Wǒ de qìchē gēn nǐ de qìchē bù yíyàng.

Lǐ xiānsheng de qìchē gēn nǐ de qìchē yíyàng dà ma?

- Shì, Lǐ xiānsheng de qìchē gēn wǒ de qìchē yíyàng dà.
cháng.
duō.
guì.

Zhè shì shénme?
- Zhè shì zhàopiān.

Zhèi zhāng zhàopiān li yǒu duōshao ge rén?
- Yǒu sān ge rén.

Zhèi xiē rén dōu shì Měiguórén ma?

- Bù, tāmen dōu bú shì Měiguórén.

Zhèi sì liàng qìchē dōu shì Rìběn qìchē ma?

- Bù, zhèi sì liàng qìchē bù dōu shì Rìběn qìchē.
- Yǒu de shì Rìběn qìchē. Yǒu de bú shì Rìběn qìchē. Yǒu de shì Déguó qìchē.

Zhuōzi shàng yǒu qián ma?

- Zhuōzi shàng yǒu yì xiē qían.

<u>Shùmù</u>:

1,000 - yìqiān

10,000 - yíwàn

100,000 - shíwàn

1,000,000 - yìbǎi wàn

YǑU DE SHÌ ZHŌNGGUÓRÉN

Zhè shì yì jiān bàngōngshì. Zhèi xiē rén bù dōu shì Zhōngguórén. Yǒu de shì Zhōngguórén, yǒu de shì Rìběnrén. Yígòng yǒu shí ge rén. Yóu wǔ ge Zhōngguórén, yé yóu wǔ ge Rìběnrén. Dōu shì nánrén. Yí ge nǚrén dōu méi yǒu.

Něi xiē shì Rìběnrén? Zuò zai zuǒbian de rén dōu shì Rìběnrén. Zuò zai yòubian de wǔ ge rén shì Zhōngguórén.

Zhèi jiān bàngōngshì li yǒu yì zhāng cháng zhuōzi, yé yǒu shí bá yǐzi.

Liànxí 33

1. Zhè shì yì jiān bàngōngshì ma?

   ______________________________.

2. Zhèi xiē rén dōu shì Zhōngguórén ma?

   ______________________________.

3. Yǒu de shì Rìběnrén ma?

   ______________________________.

4. Yǒu duōshao ge Rìběnrén?

   ______________________________.

5. Yǒu duōshao ge Zhōngguórén?

   ______________________________.

6. Yǒu duōshao ge nǚrén?

   ______________________________.

7. Zài zhèi jiān bàngōngshì li, Zhōngguórén gēn Rìběnrén yíyàng duō ma?

   ______________________________.

8. Nèi xiē Rìběnrén zuò zai yòubian háishi zuò zai zuǒbian?

   ______________________________.

9. Zhōngguórén hé Rìběnrén de zhōngjiān yǒu shénme?

   ______________________________.

10. Zhèi jiān bàngōngshì lǐmian yǒu méi yǒu dǎzìjī?

    ______________________________.

Liànxí 34

FĒIJĪ BǏ QÌCHĒ DÀ MA?

Lìzi: Fēijī (bǐ, ~~gēn~~) qìchē dà.

1. Zhèi zhī qiānbǐ gēn nèi zhī qiānbǐ (yíyàng, bù dōu) cháng.

2. Wó yǒu shí kuài qián. Ní yǒu qí kuài qián. (Wǒ, Nǐ) de qián bí (wǒ, nǐ) de qián duō.

3. Zhèi (xiē, ge) rén dōu shì Fǎguórén.

4. Zài zhèi ge fànguǎn li, (suóyǒu de, yì xiē) kèren dōu yǒu càidān.

5. Zhèi (zhī, zhāng) zhàopiān shì shéi de?

6. Wǒ yì zhāng zhǐ (dōu, hěn) méi yǒu.

7. Shànghǎi shì yí ge dà chéngshì, yóu (dōu, hěn) duō rén.

8. Zhèi xiē xuésheng (bù dōu, dōu bù) shì Měiguórén. Yǒu de shì Yīngguórén.

9. Wǒ méi yǒu nǚháizi. Wǒ de háizi (dōu, dōu bú) shì nán de.

Liànxí 35

XIĀNGFǍN LIÀNXÍ

a. xiǎo	f. piányi	k. nǚrén
b. xiàmian	g. zuǒbian	l. mǔqin
c. nǚér	h. duǎn	m. bái
d. zhàn qǐ lai	i. méi yǒu	
e. hěn shǎo	j. zuò zhe	

Lìzi: hēi ___m___

1. hěn duō ______________
2. dà ______________
3. cháng ______________
4. guì ______________
5. yǒu ______________
6. shàngmian ______________
7. zhàn zhe ______________
8. yòubian ______________
9. fùqin ______________
10. érzi ______________
11. nánrén ______________
12. zuò xia ______________

Liànxí 36

SHÙMÙ

Lìzi: 536,543 wǔshí sānwàn liùqiān wǔbǎi sìshísān

1. 10,000 ____________________
2. 100,000 ____________________
3. 1,000,000 ____________________
4. 13,000 ____________________
5. 130,000 ____________________
6. 270,000 ____________________
7. 784,000 ____________________
8. 925,600 ____________________
9. 403,080 ____________________
10. 986,500 ____________________
11. 123,890 ____________________
12. 798,421 ____________________
13. 605,287 ____________________
14. 222,222 ____________________
15. 278,264 ____________________

10 DÌSHÍKÈ — NÈIRÓNG

Qǐng zǒu yi zǒu!

Nǐ zǒu zhe háishi pǎo zhe?

- Wǒ zǒu zhe.

Qǐng bǎ shū cóng yǐzi shang ná qǐ lai.

Tāmen cóng xuéxiào pǎo dào wǒmen zhèr lái.

Qǐng bǎ shū fàng jìn zhèi ge hézi li!

chōuti.

Qǐng zǒu jìn lai!

jìn qu

chū lai

chū qu

Qǐng ná chū lai!

bǎ shū ná chū lai.

bǎ shū cóng hézi li ná chū lai.

Nǐ de shū zài nǎr?

- Zài yǐzi shang.
- Qǐng ná qǐ lai!

fàng xia

fàng zai zhuōzi shang

Qǐng bǎ nèi běn shū cóng zhuōzi shang ná dao lǎoshī nàr qu.

BǍ

"Qíng lǐ xiānsheng bá bǐ cóng zhuōzi shang ná qǐ lai."

(˘)	Lǐ xiānsheng						
	Mìshū		bǐ		zhuōzi		
	Lǎoshī		zhǐ		yǐzi		
Qíng	Xuésheng	bǎ	bàozhǐ	cóng	zázhì	shang	ná qǐ
	Nǐ		shū		dǎzìjī		lai.
	Wǒ		qián		dìbǎn		
	Tā		huǒchái				

"Qíng lǐ xiānsheng bá bǐ fàng zai zhuōzi shang."

(˘)	Lǐ xiānsheng		qiānbǐ		zhuōzi	
	Mìshū		zhǐ		yǐzi	
Qíng	Lǎoshī	bǎ	bàozhǐ	fàng zai	zázhì	shang.
	Xuésheng		shū		dǎzìjī	
	Nǐ		qián		dìbǎn	
	Wǒ		huǒchái			

"Qíng lǐ xiānsheng bá bǐ cóng hézi li ná chū lai."

(˘)	Lǐ xiānsheng		bǐ				
	Mìshū		zhǐ		hézi		
Qíng	Lǎoshī	bǎ	bàozhǐ	cóng	chōuti	li	ná chū
	Xuésheng		shū		kǒudài		lai.
	Nǐ		qián				
	Wǒ		huǒchái				

"Qíng lǐ xiānsheng bá bǐ fàng jìn hézi li."

(˘)	Lǐ xiānsheng		bǐ			
	Mìshū		zhǐ		hézi	
Qíng	Lǎoshī	bǎ	bàozhǐ	fàng jìn	chōuti	li.
	Xuésheng		shū		kǒudài	
	Nǐ		qián			
	Wǒ		huǒchái			

Liànxí 37

Lìzi: Mìshū bù bá bǐ ná qǐ lai, tā bá bǐ ___fàng xia___.

1. Xiǎo Wáng bù zǒu zhe, tā ______________________________.

2. Lǐ xiáojie bù bǎ xiāngyān cóng chōuti li ná chū lai, tā bǎ xiāngyān ______________________chōuti li.

3. Nèi ge xuésheng bù zǒu dao nǐmen nàr qu, tā zǒu dao wǒmen ______________________________.

4. Lǎoshī bù bǎ shū fàng zai zhuōzi shang, tā bǎ shū cóng zhuōzi shang ______________________________.

5. Wáng xiānsheng de nǚér bù zǒu chū lai, tā zǒu chū ______ ______________________________.

6. Zhāng tàitai bù zǒu chū qu, tā zǒu ____________________ qu.

Liànxí 38

Lìzi: Bǎ zázhì fàng __jìn__ chōuti li.

1. Qíng zǒu ________________ wǒ zhèr lai.

2. Qíng zǒu ________________ zǒu.

3. Qíng bá yǐzi ná ________________ lai.

4. Mìshū bá zhǐ ________________ dǎzìjī li ná chū lai.

5. Qíng zǒu ________________ wǒ zhèr ________________.

6. Qǐng mìshū ________________ shū ná ________________ zhuōzi ________________ qu.

7. Qíng nǐ cóng zhuōzi shang ________________ qiānbǐ ná ________________ wǒ ________________ lai.

FÙXÍ DÌÈRKÈ

DUŌSHAO QIÁN?

Morgan xiānsheng: - Zhèi xiē kùzi duōshao qián?

Fúwùyuán: - Nánrén de cháng kùzi sānshí kuài Rénmínbì yì tiáo.

Morgan xiānsheng: - Zhèi xiē dōu shì hēi de. Yǒu huī kùzi ma?

Fúwùyuán: - Yǒu. Qǐng dào zhèli lai... zhèi tiáo hǎo bu hǎo?

Morgan xiānsheng: - Qǐng ná chū lai... hěn cháng a! Yǒu méi yǒu bǐ zhèi tiáo duǎn de?

Fúwùyuán: - Duìbuqǐ. Méi yǒu. Qítā de huī kùzi dōu bǐ zhèi tiáo cháng.

Morgan xiānsheng: - Méi guānxi. Yǒu méi yǒu xiézi?

Fúwùyuán: - Yǒu. Zài nèi zhāng zhuōzi shàngmian.

Morgan xiānsheng: - Zhèi shuāng xiézi duōshao qián?

Fúwùyuán: - Wǔshí kuài Rénmínbì.

Morgan xiānsheng: - Yǒu méi yǒu bǐjiào piányi de xiézi?

Fúwùyuán: - Yǒu. Zhèi xiē hēi de sānshí kuài Rénmínbì yì shuāng. Bái de xiézi yì shuāng shíwǔ kuài Rénmínbì.

Liànxí 39

1. Nánrén de kùzi duōshao qián?

______________________________.

2. Hēi kùzi, huī kùzi dōu yǒu ma?

______________________________.

3. Fúwùyuán ná chū lai de nèi tiáo kùzi hěn cháng ma?

______________________________.

4. Tāmen nàr de huī kùzi dōu hěn cháng ma?

______________________________.

5. Yǒu méi yǒu xiézi?

______________________________.

6. Xiézi zài nǎr?

______________________________.

7. Morgan xiānsheng ná qǐ lai de nèi shuāng xiézi duōshao qián?

______________________________.

8. Hēi xiézi duōshao qián yì shuāng?

______________________________.

9. Bái xiézi duōshao qián yì shuāng?

______________________________.

QǏNG JÌN LAI, QǏNG CHŪ QU

Ní zǒu (zhe). + Nǐ jìn lai. ⇨ Ní zǒu jìn lai.

Ní pǎo (zhe). + Nǐ chū qu. ⇨ Ní pǎo chū qu.

Qǐng	zǒu pǎo	chū lai. jìn lai. jìn qu. chū qu.

Ní zǒu (zhe). + Nǐ dào zhèr lai. ⇨ Ní zǒu dao zhèr lai.

Ní pǎo (zhe). + Nǐ dào nàr qu. ⇨ Ní pǎo dao nàr qu.

							wǒ zhèr lai. (wǒ zhèli)		
(ˇ) Qíng	Lǎoshī Mìshū Zhúguǎn . . .	cóng	zhuōzi yǐzi mén . . .	nàr (nàli)	zǒu pǎo	dao	mén yǐzi zhuōzi . . .	nàr (nàli)	qu.
		wǒ zhèr (wǒ zhèli)							

Liànxí 40

Lìzi: Qǐng zhàn (qǐ, ~~li~~) lai!

1. Lǐ xiānsheng (chuān zhe, dài zhe) yì dǐng màozi.

2. Zhèi liǎng bǎ chǐ (yíyàng, yàngzi) cháng.

3. Qǐng zǒu dao wǒ zhèr (lái, qù).

4. Zhèi běn shū (duōshao, shénme) qián?

5. Nǐ de qìchē (guì, guì bu guì)?

6. Zhè shì (shéi de, nǐ de) jiákè ma?

7. Qǐng bǎ nèi běn shū (fàng, ná) jìn chōuti li.

8. Zhèi xiē rén (dōu, cóng) shì Měiguórén.

9. Wǒ (xìng, míngzi) Wáng.

10. Nèi ge hézi lǐmian (zài, yǒu) shénme?

Liànxí 41

SHÉI? . . . WǑ!

Lìzi: Nǐ shì něi guó rén? __a__

1. Guì xìng? ____
2. Màozi duōshao qián? ____
3. Nǐ yǒu méi yǒu zhǐ? ____
4. Nǐ jiào shénme míngzi? ____
5. Nà shì shéi de qìchē? ____
6. Suóyǒu de fēijī dōu hěn dà ma? ____
7. Duìbuqǐ. ____
8. Zhèi jiàn chènshān guì bu guì? ____
9. Ní yǒu duōshao qián? ____
10. Zhuōzi shàngmian yǒu shénme? ____

a. Wǒ shì Rìběnrén.
b. Wǒ jiào Dàsān.
c. Sān kuài Rénmínbì yì dǐng.
d. Méi guānxi.
e. Yǒu sān běn shū.
f. Wǒ xìng Lǐ.
g. Bù, yǒu de hén xiǎo.
h. Wǒ yí kuài dōu méi yǒu.
i. Bú guì, hěn piányi.
j. Wǒ yì zhāng dōu méi yǒu.
k. Shì wǒ de.

LIÀNGCÍ

ge

guójiā	háizi	lǎoshī	xuéxiào
chéngshì	Zhōngguórén	kèren	fànguǎn
yānhuīgāng	píjíazi	xuésheng	chōuti
nánrén	píbāo	mìshū	hézi
nǚrén	kǒudài	zhúguǎn	
	fúwùyuán		

běn	zhāng	liàng	fèn	bù
shū	zhuōzi	qìchē	bàozhǐ	diànhuà
zázhì	bàozhǐ	gōnggòngqìchē	zázhì	
	huà	zìxíngchē	càidān	
	zhàopiān			
	zhǐ			

jià	liè	sāo	bǎ	tiáo
fēijī	huǒchē	chuán	chǐ	kùzi
dǎzìjī			yàoshi	lǐngdài
			yǐzi	qúnzi
				liányīqún
				tuǐ

LIÀNGCÍ

jiàn	gēn	zhǎn	dǐng
dàyī	huǒchái	dēng	màozi
jiákè			
chènshān			
zhōngshānzhuāng			

shuāng	zhī	jiān
xiézi	xiézi	jiàoshì
shǒutào	shǒu	bàngōngshì
shǒu	jiǎo	
tuǐ	shǒutào	
jiǎo	xiāngyān	
	xuějiā	
	qiānbǐ	
	yuánzhūbǐ	

kuài, máo, fēn
qián
Rénmínbì
Měiyuán
Rìyuán

11 DÌSHÍYÍ KÈ — NÈIRÓNG

Xiànzài jí diǎn zhōng?

- Liáng diǎn zhōng.
- Liáng diǎn bàn.
- Sān diǎn sān kè.
- Sì diǎn shíbā fēn.
- Shàngwǔ qī diǎn zhōng.
- Zhōngwǔ shíèr diǎn zhōng.
- Wǎnshang bā diǎn zhōng.

Ní jí diǎn zhōng chī fàn?

- Wǒ shàngwǔ qī diǎn zhong chī zǎofàn.
- Wó zǎoshang qī diǎn zhōng chī zǎofàn.
- Zhōngwǔ shíèr diǎn zhōng chī wǔfàn.
- Wǎnshang liù diǎn zhōng chī wǎnfàn.

Nǐ zuò shénme?

- Wǒ kàn shū.
kàn pǎo.
xǐzǎo.
chuānshang yīfu.
shuā yá.
shàng bān.
shàng kè.
xià bān.
xià kè.
líkāixuéxiào.
huí jiā.
chī fàn.
shuìjiào.

Zhè shì shénme?

- Zhè shì zhōng.
shóubiǎo.

Ní qǐ chuáng yǐhòu zuò shénme?
- Wó qǐ chuáng yǐhòu xízǎo.

Nǐ chī fàn yǐhòu zuò shénme?
- Wǒ chī fàn yǐhòu shuā yá.

Tā shuìjiào yǐqián kàn shū ma?
- Shì, tā shuìjiào yǐqián kàn shū.

Nǐ zài zuò shénme?
- Wǒ zài chīfàn.

CHÉN XIĀNSHENG SHÀNG BĀN, CHÉN TÀITAI SHÀNG KÈ

Xiànzài shì shàngwǔ liù diǎn bàn. Chén xiānsheng, Chén tàitai zài chī zǎofàn. Chén xiānsheng chī fàn yǐhòu shàng bān. Chén tàitai chī fàn yǐhòu shàng kè. Tā shàng yīngwén kè.

Chén tàitai zhōngwǔ shíèr diǎn bàn xià kè. Tā xià kè yǐhòu huí jiā chī wǔfàn. Chī wǔfàn yǐhòu tā kàn shū.

Chén xiānsheng wǎnshang liù diǎn zhōng xià bān. Tā líkai bàngōngshì yǐhòu huí jiā chī wǎnfàn. Tā wǎnshang shí diǎn zhōng shuìjiào. Shuìjiào yǐqián tā shuāyá, xízǎo.

Chén xiānsheng, Chén tàitai liù diǎn zhōng qǐ chuáng.

Liànxí 42

1. Xiànzài jǐ diǎn zhōng?

____

2. Chén xiānsheng, Chén tàitai xiànzài zài zuò shénme?

____

3. Chén xiānsheng chī zǎofàn yǐhòu zuò shénme?

____

4. Chén tàitai ne? Tā chī zǎofàn yǐhòu zuò shénme?

____

5. Chén tàitai jǐ diǎn zhōng xià kè?

____

6. Tā xià kè yǐhòu zuò shénme?

____

7. Chén xiānsheng jǐ diǎn zhōng xià bān?

____

8. Tā huí jiā yǐhòu zuò shénme?

____

9. Tā shuìjiào yǐqián zuò shénme?

____

10. Chén xiānsheng, Chén tàitai jǐ diǎn zhōng qǐ chuáng?

____

Liànxí 43

JÍ DIǍN ZHŌNG?

Lìzi:  yì diǎn zhōng

 sān diǎn sān kè

1.  ____________________

2.  ____________________

3.  ____________________

4.  ____________________

5.  ____________________

6.  ____________________

7.  ____________________

Liànxí 44

Lìzi: Wǒ shuìjiào yǐqián __j__.

1. Tā zài ____ fàn.
2. Wáng xiānsheng xià bān yǐhòu ____ jiā.
3. Nǐ kàn shénme ____ ?
4. Nǐ jí ____ zhōng shàng kè?
5. Wǒ ____ wú diǎn zhōng xià bān.
6. Xízǎo yǐhòu ____ yīfu.
7. Lǎoshī jí diǎn zhōng ____ xuéxiào?
8. Wǒ xià kè ____ huí jiā.
9. Nǐ zài Bólìcī xuéxiào ____ ma?

a. chī
b. shū
c. yǐhòu
d. shàng kè
e. líkai
f. huí
g. diǎn
h. xiàwǔ
i. chuānshang
j. xízǎo

HÀNZÌ LIÀNXÍ

1. yī 一

2. èr 二

3. sān 三

4. sì 四

5. wǔ 五

6. liù 六

7. qī 七

8. bā 八

9. jiǔ 九

10. shí 十

12 DÌSHÍÈR KÈ — NÈIRÓNG

Zhè shì shénme?
- Zhè shì rìlì.

Jīntiān shì xīngqījǐ?
- Jīntiān shì xīngqīyī.
  Míngtiān shì xīngqīèr.
  Zuótiān shì xīngqītīan.

Yì nián yóu jǐ ge yuè?
- Yì nián yǒu shíèr ge yuè.

Zhèi ge yuè shì jǐ yuè?
- Zhèi ge yuè shì sān yuè.
- Xià ge yuè shì sì yuè.
- Shàng ge yuè shì èr yuè.

Zhèi ge yuè yǒu duōshao tiān?
- Zhèi ge yuè yǒu sānshiyī tiān.

Jīntiān shì jǐ hào?
- Jīntiān shì èr hào.
- Zuótiān shì yí hào.
- Míngtiān shì sān hào.

Jīnnián shì něi yì nián?
- Jīnnián shì yījiǔbāwǔ nián.
- Qùnián shì yījiǔbāsì nián.
- Míngnián shì yījiǔbāliù nián.

Tā yǐjīng lái le ma?
- Tā hái méiyǒu lái.

Ní měitiān dōu shàng bān ma?
- Shì, wó měitiān dōu shàng bān.
- Tā měi ge xīngqī dōu kàn zázhì.
- Měi ge yuè dōu yǒu sì ge xīngqī.
- Měinián dōu yǒu shíèr ge yuè.

Tiānqi zěnmeyàng?
- Xià yǔ le.
- Xià xuě le.
- Qíng tiān.
- Yīn tiān.
- Hén lěng.
- Hěn rè.
- Hěn duō yún.

BĚIJĪNG DE TIĀNQI

(Chén xiānsheng, Morgan xiānsheng zài Běijīng)

Morgan: - Jīntiān hěn rè! Zài Běijīng měitiān dōu hěn rè ma?

Chén: - Bù. Cóng liù yuè dào bá yuè hěn rè. Jiǔ yuè, shí yuè bú rè, yě bù lěng. Yí yuè hén lěng.

Morgan: - Yí yuè xià yǔ ma?

Chén: - Bù. Yí yuè bú xià yǔ. Xià xuě. Qí yuè, bá yuè xià yǔ, xià hěn duō yǔ.

Morgan: - Bá yuè měitiān xià yǔ ma?

Chén: - Bù. Zhèi ge yuè shì bá yuè, dànshi jīntiān de tiānqi hén hǎo. Jīntiān shì qíngtiān.

Morgan: - Xiànzài shì qíngtiān, dànshi jīntiān zǎoshàng liù diǎn bàn xià yǔ le, xià le hěn duō yǔ.

Chén: - Shì ma? Wǒ liù diǎn bàn hái méi yǒu qǐ chuáng.

Liànxí 45

1. Jīntiān de tiānqi zěnmeyàng?

___

2. Zài Běijīng, cóng jǐ yuè dào jǐ yuè hěn rè?

___

3. Jǐ yuè hén lěng?

___

4. Yí yuè xià yǔ háishi xià xuě?

___

5. Jǐ yuè xià hěn duō yǔ?

___

6. Zhèi ge yuè shì jǐ yuè?

___

7. Xiànzài shì yīn tiān háishi qíng tiān?

___

8. Jīntiān zǎoshang xià yǔ le ma?

___

9. Chén xiānsheng jīntiān zǎoshang liù diǎn bàn hái zài shuìjiào ma?

___

Liànxí 46

JĪN NIÁN SHÌ NĚI YÌ NIÁN?

Lìzi: 1960 Jīn nián shì yījiǔliùlíng nián.
Qù nián shì yījiǔwǔjiǔ nián.
Míng nián shì yījiǔliùyī nián.

1. 1940

2. 1982

3. 1900

4. 1979

5. 1965

Liànxí 47
JĪNTIĀN SHÌ JǏ YUÈ JǏ HÀO?

Lìzi: 12/3 Jīntiān shì shíèr yuè sān hào.

Zuótiān shì shíèr yuè èr hào.

Míngtiān shì shíèr yuè sì hào.

1. 11/5 ______

2. 4/1 ______

3. 8/31 ______

4. 9/15 ______

5. 1/1 ______

Liànxí 48

JĪNTIĀN SHÌ XĪNGQĪ JǏ?

Lìzi: Jīntiān shì xīngqīsān.

Zuótiān shì xīngqīèr.

Míngtiān shì xīngqīsì.

1. Jīntiān shì xīngqīèr.

2. Jīntiān shì xīngqīyī.

3. Jīntiān shì xīngqītiān.

4. Jīntiān shì xīngqīsì.

5. Jīntiān shì xīngqīliù.

Liànxí 49

YǏJĪNG ... LE / HÁI MÉI YǑU ...

Lìzi:

Xiànzài shì jiú diǎn zhōng. Wǒ shí diǎn zhōng shàng kè.

<u>Wǒ hái méi yǒu shàng kè.</u>

Xiànzài shì wǔ diǎn bàn. Chén xiānsheng wú diǎn zhōng huí jiā.

<u>Chén xiānsheng yǐjīng huí jiā le.</u>

1. Xiànzài shì bā diǎn zhōng. Wǒ qī diǎn zhōng qǐchuáng.

   ____

2. Xiànzài shì yì diǎn zhōng. Wǒ shíèr diǎn zhōng chī wǔfàn.

   ____

3. Xiànzài shì sì diǎn zhōng. Zhúguǎn wú diǎn zhōng xià bān.

   ____

4. Xiànzài shì qī diǎn bàn. Ní jiú diǎn zhōng shuā yá.

   ____

5. Xiànzài shì liáng diǎn sān kè. Wǒ sān diǎn zhōng shàng kè.

   ____

6. Jīntiān shì wǔ hào. Lǐ xiānsheng sān hào dào Běijīng qu.

   ____

7. Wǒ xià ge xīngqī dào Zhōngguó qu.

   ____

8. Xiànzaì shì xiàwǔ sān diǎn zhōng. Shàngwǔ shí diǎn zhōng xià xuě.

   ____

9. Xiànzài shì zhōngwǔ. Wǎnshang xià xuě.

   ____

10. Xiànzài shì jiǔ diǎn zhōng. Fúwùyuán bā diǎn zhōng líkai fànguǎn.

    ____

HÀNZÌ LIÀNXÍ

1. nán 男

2. nǚ 女

3. dà 大

4. xiǎo 小

5. rén 人

6. shì 是

7. bù 不

8. zhè 这

9. nà 那

10. Zhè shì rén. 这是人。

11. Nà shì nánrén. 那是男人。

12. Zhè shì nǚrén. 这是女人。

13 DÌSHÍSĀNKÈ — NÈIRÓNG

Nǐ huì shuō Zhōngwén ma?
- Huì, wǒ huì shuō Zhōngwén.
- Yě huì shuō Yīngwén.

Ní xiǎng míngtiān huì xià yǔ ma?
- Wǒ xiǎng míngtiān bú huì xià yǔ.
- Wǒ xiǎng míngtiān bú huì xià xuě.

Nǐ huì yòng kuàizi ma?
- Huì, wǒ huì yòng kuàizi.

Wǒmen yòng yǎnjing zuò shénme?
- Wǒmen yòng yǎnjing kàn bào.
- Yě yòng yǎnjing kàn diànshì.
- Yòng ěrduo tīng shōuyīnjī.
- Yòng zuǐba shuō huà.

Nǐ zhīdao tā shì shéi ma?
- Wǒ zhīdao tā shì chén xiānsheng.
- Wǒ bù zhīdao.

Nǐ kàndao chén xiānsheng le ma?
- Wǒ kàndao tā le.
- Wǒ méi kàndao tā.

Nǐ tīngdao wǒ shuō de huà le ma?
- Wǒ tīngdao le.
- Wǒ méi tīngdao.

Nǐ chīfàn de shíhou kàn bào ma?
- Shì, wǒ chīfàn de shíhou kàn bào.
- Wǒ shàng kè de shíhou shuō Zhōngwén.

Zhèi zhāng zhuōzi nǐ nádeqǐlai ma?
- Zhèi zhāng zhuōzi wǒ nádeqǐlai.
- Zhèi zhāng zhuōzi wǒ nábuqǐlai.

Nǐ de xiǎo háizi zhàndeqǐlai ma?
- Tā zhàndeqǐlai.
- Tā zhànbuqǐlai.

Nǐ kàndedào zhúguǎn ma?
- Wǒ kàndedào tā.
- Wǒ kànbudào tā.

Nǐ tīngdedào wǒ de shōuyīnjī ma?
- Wǒ tīngdedào nǐ de shōuyīnjī.
- Wǒ tīngbudào nǐ de shōuyīnjī.

NǏ ZUÒ SHÉNME?

(Chén Píngdì zài kàn diànshì. Tā mǔqin zǒujìnlai.)

- Píngdì! Nǐ zuò shénme?

- Wǒ zài kàn diànshì.

- Nǐ zhèi ge xiǎo háizi! Nǐ míngtiān zǎoshang bú shàng kè ma? Nǐ de shū zài nǎr? Nǐ qù kàn shū!

- Wǒ bù zhīdao wǒ de shū zài nǎr.

- Nǐ bù zhīdao! Zài nǐ de zhuōzi shang! Nǐ xiànzài qù kàn shū!

- Dànshi, wǒ méi yǒu yuánzhūbǐ. Wǒ kàn shū de shíhou yé xiězì. Wǒmen zhèli yì zhī yuánzhūbǐ dōu méi yǒu.

- Zài nǐ zhuōzi de chōuti li yóu hěn duō qiānbǐ. Nǐ yòng qiānbǐ xiězì!

Liànxí 50

1. Píngdì xiànzài zuò shénme?

___

2. Tā míngtiān shàngwǔ dào xuéxiào qu ma?

___

3. Píngdì zhī bu zhīdao tā de shū zài nǎr?

___

4. Tā mǔqin shuō tā de shū zài nǎr?

___

5. Tā méi yǒu shénme?

___

6. Píngdì kàn shū de shíhou zuò shénme?

___

7. Tāmen nàli yǒu méi yǒu yuánzhūbǐ?

___

8. Zài zhuōzi de chōuti li yǒu shénme?

___

Liànxí 51

ZHÈ SHÌ SHÉNME?

1. Zhè shì ěrduo.
2. Zhè shì lǐngdài.
3.
4.
5.
6.
7.
8.
9.
10.

Liànxí 52

Wáng xiānsheng chīfàn de shíhou kàn bào.

Lìzi: Wǒmen shàng kè/shuō Zhōngwén.

Wǒmen shàngkè de shíhou shuō Zhōngwén.

1. Rìběnrén chīfàn/yòng kuàizi.

2. Xuésheng xiězì/yòng yuánzhūbǐ.

3. Wǒ àirén xízǎo/tīng shōuyīnjī.

4. Lǎoshī shuōhuà/xuésheng bù shuōhuà.

5. Wǒ shuìjiào/tīngbudào diànshì de shēngyin.

6. Fúwùyuán lái/kèren yǐjīng zǒu le.

TĀ ZÀI ZUÒ SHÉNME?

- Xiǎo Wáng, nǐ kàn dao le shénme?

- Wǒ kàn dao le yí ge rén, tā zuò zai zhuōzi hòumian.

- Tā zài zuò shénme?

- Tā zài shǔ qián. Hěn duō qián! Tā bǎ qián cóng xiǎo hézi li ná chū lai le. Tā bǎ qián fàng zai tā qiánmian de zhuōzi shang le.

- Hái yǒu shénme rén?

- Méi yǒu... A, yǒu! Yǒu rén zǒu jìn lai le. Shì yí ge nǚrén. Tā de shǒu li yǒu yí ge hézi. Tā bǎ hézi ná dao nánrén nàr qu le.

- Nǚrén de hézi li yé yǒu qián ma?

- Kàn bu dào ... A! Tā bǎ hézi fàng zai dìbǎn shang le.

- Xiànzài ne?

- Nǚrén bǎ zhuōzi shang de qián ná qǐ lai le. Tā bǎ qián fàng jìn dìbǎn shang de hézi li le... xiànzài tā bǎ hézi ná qǐ lai le... zǒu dao mén nàr qu le...

- Tā dào nǎr qu le? Nǐ hái kàn de dào tā ma?

- Kàn bu dào ... A! Tā zài nàr! Tā xiànzài zǒu chū lái le, zǒu dao wǒmen zhèr lái le!

Liànxí 53

1. Xiǎo Wáng kàn dao le yí ge nánrén ma?

   ____。

2. Nánrén zài shǔ shénme?

   ____。

3. Tā bǎ qián fàng zai náli le?

   ____.

4. Yǒu yí ge nánrén haíshi yí ge nǚrén zǒu jìn lai le?

   ____.

5. Nǚrén de shóu li yǒu shénme?

   ____.

6. Tā bǎ hézi ná dào náli qu le?

   ____.

7. Tā bǎ hézi fàng zai nǎr le?

   ____.

8. Tā bǎ shénme fàng jìn dìbǎn shàng de hézi li le?

   ____.

9. Nǚrén zǒu dào yǐzi nàr qù le háishi zǒu dào mén nàr qu le?

   ____.

10. Shéi zǒu chū lái le?

    ____.

HÀNZÌ LIÀNXÍ

1. liǎng ge 两个
2. zhèr 这儿
3. nàr 那儿
4. Nǎr? 哪儿？
5. Shénme? 什么？
6. Zài nǎr? 在哪儿？
7. Zài zhèr ma? 在这儿吗？
8. Nánrén zài nǎr? 男人在哪儿？
9. Nèi ge nǚrén zài zhèr ma? 那个女人在这儿吗？
10. Zhèi wǔ ge rén shì nǚrén. 这五个人是女人。
11. Sān ge nánrén zài zhèr. 三个男人在这儿。
12. Nà shì shénme? 那是什么？
13. Nèi liǎng ge nǚrén zài nǎr? 那两个女人在哪儿？
14. Zhèi ge rén shì nánrén. 这个人是男人。

14 DÌSHÍSÌKÈ — NÈIRÓNG

Nǐ zuò fēijī ma?

- Bù, wǒ bú zuò fēijī.
- Wǒ zuò qìchē.
  zuò chūzūqìchē.
  zuò huǒchē.
  zuò gōnggòngqìchē.

Chén xiānsheng zuò fēijī dào nǎr qu?

- Tā zuò fēijī dào Niǔyuē qu.
- Wǒ cóng Shànghǎi zuò fēijī dào Běijīng qu.

Lǎoshī gěi shéi dǎ diànhuà?

- Tā gěi zhǔguǎn dǎ diànhuà.
- Tā gěi fēijīchǎng dǎ diànhuà.
  huǒchēzhàn
  gōnggòngqìchēzhàn

Nǐ zài nǎr shàng fēijī?

- Wǒ zài Běijīng shàng fēijī.
  zài Niǔyuē xià fēijī.

Fēijī jǐ diǎn zhōng qǐfēi.

- Fēijī shàngwǔ jiǔ diǎn bàn qǐfēi.

Huǒchē yǐjīng dào le ma?

- Méi yǒu, huǒchē hái méi yǒu dào.

Zhè shì shénme?

- Zhè shì fēijīpiào.
  xíngli.
  yí jiàn xíngli.

Nǐ jiā zhù zai nǎr?

- Wǒ jiā zhù zai Lúndūn.
- Wǒ zài Běijīng de shíhou zhù zai fàndiàn lǐ.

Chén xiānsheng zài zuò shénme?

- Tā zài dìng fángjiān.
- Tā dìng liǎng jiān fángjiān.

CHÉN XIĀNSHENG DÌNG FĒIJĪPIÀO

(Chén xiānsheng gěi fēijīchǎng de fúwùyuán dǎ diànhuà.)

- Wǒ xià ge xīngqī dào Běijīng qu. Xiànzài yào dìng fēijīpiào.
- Nǐ xià ge xīngqījǐ qu?
- Xià ge xīngqīsān. Shàngwǔ yǒu méi yǒu fēijī dào Běijīng qu?
- Yǒu. Shàngwǔ shí diǎn zhōng.
- Hǎo. Nǐ zhī bu zhīdao cóng huǒchēzhàn dào fēijīchǎng yǒu méi yǒu gōnggòngqìchē?
- Méi yǒu. Zhǐ yǒu chūzūqìchē?
- Nàme, wǒ zuò chūzūqìchē qu.
- Qǐng nǐ jiǔ diǎn zhōng yǐqián dào fēijīchǎng lái, bǎ nǐ de xíngli dōu ná dao wǒmen zhèr lai. Nǐ jiǔ diǎn bàn shàng fēijī.
- Fēijī jǐ diǎn zhōng dào Běijīng?
- Xiàwǔ sān diǎn zhōng.
- Hǎo. Xièxie nǐ.
- Bú kèqi.

Liànxí 54

1. Chén xiānsheng gěi shéi dǎ diànhuà?

2. Tā xià ge xīngqījǐ dào Běijīng qu?

3. Tā zuò huǒchē qu háishi zuò fēijī qu?

4. Fēijī jí diǎn zhōng qǐfēi?

5. Cóng huǒchēzhàn dào fēijīchǎng yǒu méi yǒu gōnggòngqìchē?

6. Chén xiānsheng zuò shénme dào fēijīchǎng qu?

7. Tā jí diǎn zhōng yǐqián dào fēijīchǎng qu?

8. Tā shàng fēijī yǐqián bǎ xíngli ná dao fúwùyuán nàr qu ma?

9. Tā jí diǎn zhōng shàng fēijī?

10. Fēijī jí diǎn zhōng dào Běijīng?

ZÀI FÀNDIÀN

Chén xiānsheng xiànzài zài Běijīng de yí ge fàndiàn li. Tā yǐjīng dìng le yì jiān fángjiān. Tā de xíngli zài tā pángbiān de dìbǎn shang. Tā yǒu sān jiàn xínglí.

Zhèi ge fàndiàn de pángbiān you huǒchēzhàn. Fàndiàn de qiánmian yǒu gōnggòngqìchēzhàn. Fàndiàn lǐmian yǒu méi yǒu fànguǎn? Yǒu, huǒchēzhàn lǐmian yé yǒu.

Chén xiānsheng de jiā zhù zai Shànghǎi. Tā míngtiān cóng Běijīng zuò huǒchē dào Shànghǎi qu. Tā jīntiān wǎnshang zhù zai fàndiàn li, míngtiān shàngwǔ zǒu dao huǒchēzhàn qu shàng huǒchē.

Liànxí 55

1. Chén xiānsheng zài nǎr?

2. Tā yǐjīng dìng fángjiān le ma?

3. Tā de xíngli zài nǎr?

4. Tā yǒu jǐ jiàn xíngli?

5. Fàndiàn de pángbiān yǒu shénme?

6. Qiánmian yǒu shénme?

7. Huǒchēzhàn lǐmian yǒu fànguǎn ma?

8. Chén xiānsheng de jiā zhù zai nǎr?

9. Tā míngtiān zuò huǒchē dào nǎr qu?

10. Tā jīntiān wǎnshang zhù zai nǎr?

11. Tā míngtiān shàngwǔ zǒu dao nǎr qu?

12. Tā zài Běijīng huǒchēzhàn xià huǒchē háishi shàng huǒchē?

Liànxí 56

Lìzi: Chén xiānsheng/Běijīng/huǒchē/Shànghǎi

Chén xiānsheng cóng Běijīng zuò huǒchē dào Shànghǎi qu.

1. Lǎoshī/tā de jiā/qìchē/xuéxiào

____

2. Wǒ/bàngōngshì/chūzūqìchē/fàndiàn

____

3. Lǐ xiáojiě/Měiguó/fēijī/Rìběn

____

4. Zhúguǎn/Rìběn/chuán/Zhōngguó

____

5. Wǒ/xuéxiào/gōnggòngqìchē/nǐ jiā

____

6. Nǐ de érzi míngtiān/Fǎguó/huǒchē/Déguó

____

7. Zhāng tàitai měitiān/fàndiàn/qìchē/bàngōngshì

____

8. Shéi/huǒchēzhàn/gōnggòngqìchē/xuéxiào

____

Liànxí 57

LIÀNGCÍ LIÀNXÍ

Lìzi: Sān __b__ fēijī.

1. Liǎng ____ qìchē.
2. Yí ____ huǒchē.
3. Zhèi ____ chéngshì.
4. Sì ____ bǐ.
5. Liù ____ zhuōzi
6. Jiǔ ____ shū.
7. Nèi ____ xíngli.
8. Shí ____ fēijīpiào.
9. Sì ____ Zhōngguórén.
10. Sān ____ chūzūqìchē.

a.	zhāng	e.	liàng
b.	jià	f.	zhī
c.	ge	g.	jiàn
d.	liè	h.	běn

HÀNZÌ LIÀNXÍ

1. Zhōngguó zài nǎr?

中国在哪儿？

2. Nèi sān zhī yuánzhūbǐ zài nǎr?

那三支圆珠笔在哪儿？

3. Nèi ge rén shì Rìběnrén ma?

那个人是日本人吗？

4. Zhè shì bu shì yuánzhūbǐ?

这是不是圆珠笔？

5. Měiguó dà bu dà?

美国大不大？

6. Zhè ge rén shì Yīngguórén.

这个人是英国人。

7. Nèi ge rén shì Měiguórén ma?

那个人是美国人吗？

8. Nèi ge nǚrén shì bu shì Yīngguórén?

那个女人是不是英国人？

9. Nèi ge Rìběn nánrén zài nǎr?

那个日本男人在哪儿？

10. Zhōngguó dà bu dà?

中国大不大？

15 DÌSHÍWǓ KÈ — NÈIRÓNG

Nǐ hē shénme?
- Wǒ hē kāfēi.
  chá.
  niúnǎi.
  shuǐ.
  jiǔ.
  pútáojiǔ.
  píjiǔ.
  mǐjiǔ.

Nǐ chī shénme?
- Wǒ chī yú.
  niúròu.
  yángròu.
  zhūròu.
  sān kuài zhūròu.
  shūcài.
  miànbāo.

Zhè shì néi zhǒng ròu?
- Zhè shì niúròu.

Nǐ yòng shénme chīfàn?
- Wǒ yòng kuàizi chīfàn.
  chāzi
  dāozi
  tiáogēng
  wǎn
  pánzi

Zhè shì yán ma?
- Zhè bú shì yán.
  Zhè shì táng.
  hújiāofěn
  jiàngyóu.
  huángyóu. (niúyóu)

Nǐ hē kāfēi de shíhou jiā niúnǎi ma?
- Wǒ hē kāfēi de shíhou jiā niúnǎi.
- Wǒ hē kāfēi de shíhou fàng táng.

Zhè shì shénme bēizi?
- Zhè shì kāfēibēi.
  chábēi.
  bōlibēi.
- Zhè bú shì bēizi. Zhè shì píngzi.

Nǐ è bu è?
- Wǒ bú è.
- Wó hén kě.

Ní xǐhuan Zhōngguó cài ma?
- Wǒ hén xǐhuan Zhōngguó cài.
- Wó bǐjiào xǐhuan Zhōngguó cài.

Nǐ rènwéi Rìběn cài hǎo bu hǎo chī?
- Wǒ rènwéi Rìběn cài hén hǎo chī.

Nǐ wèishénme bu chūqu?
- Yīnwei xià yǔ le.

Fǎguó dà bu dà?
- Fǎguó hěn dà.
- Zhōngguó gèng dà.
- Sūlián zuì dà.

NÍ XǏHUAN CHĪ ZHŌNGGUÓ CÀI MA?

Zhōngguórén yòng kuàizi, tiáogēng chīfàn. Tāmen bú yòng dāozi, chāzi. Chīfàn de shíhou hē chá, bú fàng táng, yě bù jiā niúnǎi. Zhōngguórén chī bu chī ròu? Chī. Zhūròu, yángròu, niúròu dōu chī, dànshi Zhōngguórén bù xǐhuan chī hěn duō ròu. Tāmen xǐhuan chī shūcài. Zhōngguórén xǐhuan hē néi zhǒng jiǔ? Bǐjiào xǐhuan hē píjiǔ hé mǐjiǔ. Hén shǎo hē pútáojiǔ.

Měi ge dà chéngshì dōu yóu hěn duō Zhongguó fànguǎn. Chī Zhōngguó cài de shíhou, nǐ yào bǎ cài dōu fàng zai zhuōzi de zhōngjiān, bú yào fàng zai nǐ de qiánmian. Wèishénme fàng zai zhōngjiān ne? Yīnwei suóyǒu de kèren dōu chī de dào měi ge cài.

Liànxí 58

1. Zhōngguórén yòng shénme chīfàn?

2. Tāmen chīfàn de shíhou hē kāfēi háishi hē chá?

3. Hē chá de shíhou, tāmen fàng bu fàng táng?

4. Niúnǎi ne? Tāmen jiā bu jiā niúnǎi?

5. Zhōngguórén chī néi zhǒng ròu?

6. Tāmen xǐhuan chī shūcài ma?

7. Měi ge dà chéngshì dōu yǒu Zhōngguó fànguǎn ma?

8. Chī Zhōngguó cài de shíhou, yào bǎ cài fàng zai nǎr?

9. Bú yào fàng zai nǐ de qiánmian ma?

10. Wèishénme fàng zai zhuōzi de zhōngjiān ne?

Liànxí 59

WÈISHÉNME ...? / YĪNWEI ...

Lǐzi: Nǐ wèishénme yòng chāzi chīfàn? _b_

1. Xuésheng wèishénme bú shàng kè? ____
2. Nǐ wèishénme hē shuǐ? ____
3. Kèren wèishénme yòng chábēi hē kāfēi? ____
4. Zhèi ge xiǎo háizi wèishénme xiànzài chīfàn? ____
5. Lǐ xiáojie wèishénme bù hē píjiǔ? ____
6. Nǐ wèishénme yòng qiānbǐ xiězì? ____
7. Chén xiānsheng wèishénme zuò huǒchē? ____
8. Nǐ wèishénme xǐhuan chī Zhōngguó cài? ____
9. Lǎoshī wèishénme bù shuō Yīngwén? ____

a. Yīnwei lǎoshī hái méi lái.
b. Yīnwei wǒ bú huì yòng kuàizi.
c. Yīnwei wó hén kě.
d. Yīnwei tā méi yǒu kāfēibēi.
e. Yīnwei tā hěn è.
f. Yīnwei wǒ méi yǒu yuánzhūbǐ.
g. Yīnwei zuò fēijī hěn guì.
h. Yīnwei wǒ rènwéi Zhōngguó cài hén hǎo chī.
i. Yīnwei shàng kè de shíhou tā zhǐ shuō Zhōngwén.
j. Yīnwei tā bù xǐhuan hē jiǔ.

Liànxí 60

ZHÈ SHÌ SHÉNME?

Lìzi: 1. Zhè shì niúròu.

2. ______

3. ______

4. ______

5. ______

6. ______

7. ______

8. ______

9. ______

10. ______

HÀNZÌ LIÀNXÍ

1. Nèi ge Zhōngguórén yǒu méi yǒu yuánzhūbǐ?

   那个中国人有没有圆珠笔？

2. Tā yǒu yì zhī hēi de yuánzhūbǐ.

   他有一枝黑的圆珠笔。

3. Nǐ shì Zhōngguórén ma?

   你是中国人吗？

4. Tāmen méi yǒu shū.

   他们没有书。

5. Wǒ de nèi běn bái de shū zài nǎr?

   我的那本白的书在哪儿？

6. Nǐmen yǒu méi you yuánzhūbǐ?

   你们有没有圆珠笔？

7. Tā de yuánzhūbǐ shì hēi de ma?

   他的圆珠笔是黑的吗？

8. Wǒ yǒu yì běn shū.

   我有一本书。

9. Nǐ méi yǒu shū ma?

   你没有书吗？

10. Wǒmen de shū zài zhèr ma?

    我们的书在这儿吗？

FÙXÍ
DÌSĀNKÈ

ZHŌU XIĀNSHENG ZÀI FÀNGUǍN SHÀNG BĀN

Zhōu xiānsheng zài fànguǎn shàng bān. Tā měitiān shàngwǔ qī diǎn zhōng shàng gōnggǒngqìchē, qī diǎn bàn dào fànguǎn. Tā zài fànguǎn chī zǎofàn. Chī le zǎofàn yǐhòu, tā bǎ pánzi hé wǎn fàng zai fànguǎn de měi yì zhāng zhuōzi shang. Bēizi, kuàizi, hé jiàngyóu tā yě dōu fàng zai zhuōzi shang.

Zhōu xiānsheng shì fànguǎn de fúwùyuán. Kèren lái de shíhou, tā shuō "Qǐng zuò! Qǐng zuò! Nǐ yào chī shénme cài?" Yǒu de kèren chī yú, yǒu de chī ròu. Yǒu de hē chá, yǒu de hē jiǔ.

Zài fànguǎn de qiáng shang yǒu yì zhāng hěn dà de càidān. Kèren dōu kàndedào.

Liànxí 61

1. Zhōu xiānsheng zài nǎr shàngbān?

____

2. Tā měitiān jǐ diǎn zhōng shàng gōnggòngqìchē?

____

3. Jǐ diǎn zhōng dào fànguǎn?

____

4. Tā zài nǎr chī zǎofàn?

____

5. Tā chī le zǎofàn yǐhòu zuò shénme?

____

6. Tā bǎ bēizi, kuàizi, hé jiàngyóu fàng zai nǎr?

____

7. Kèren lái de shíhou, Zhōu xiānsheng shuō shénme?

____

8. Suóyǒu de kèren dōu chī yú ma?

____

9. Suóyǒu de kèren dōu hē chá ma?

____

10. Kèren dōu kàndedào shénme?

____

Liànxí 62

Lìzi: Xiànzài shì jiǔ _diǎn_ bàn. (kè, diǎn, zhōng)

1. Xiànzài yì diǎn ______. (zhōng, diǎn, kè)

2. Wǒ ________ liù diǎn zhōng chī wǎnfàn. (shàngwǔ, zhōngwǔ, wǎnshang)

3. Mìshū xià le bān yǐhòu ______. (huí jiā, zhīdao, xiàwǔ)

4. Nǐ chī le fàn ______ shuā yá ma? (de shíhou, shàngmian, yǐhòu)

5. Ní xǐhuan tīng ______ ma? (shū, ěrduo, shōuyīnjī)

6. ______ shì bái de. (Niúnǎi, Píjiǔ, Kāfēi)

7. Jīntiān shì sān hào. ______ shì sì hào. (Míngtiān, Zuótiān, Měitiān)

8. Nǐ jiā ________ zài nǎr? (zhù, yǒu, shàng)

9. Wǒ yào dìng yì ________ fángjiān. (zhāng, jiān, liàng)

10. Zhèi ge yuè shì yíyuè. Shàng ge yuè shì ______.
(èryuè, shíèryuè, sānyuè)

11. Lǎoshī ______ lái le ma? (hái, shéi, yǐjīng)

12. Ní xǐhuan hē ______ ma? (yú, zhūròu, míjiǔ)

13. Wǒ bù ______ tā shì shéi. (zhīdao, xiǎng, huì)

14. Sān diǎn shíwǔ fēn shì sān diǎn ______. (yíkè, bàn, sānkè)

15. ______ shì hēi de. (Kāfēi, Píjiǔ, Niúnǎi)

16. ______ yě shì hēi de. (Yán, Táng, Jiàngyóu)

17. Wǒ míngtiān yào ______ tā dǎ diànhuà. (gěi, zài. cóng)

18. Wǒ ______ bàngōngshì zuò qìchē dào xuéxiào qu.
(dào, cóng, hái)

19. Yì nián yǒu ______ ge yuè. (qī, shíèr, měi)

20. Jīntiān shì qíngtiān. Méi yǒu ______.
(yīntiān, yún, rè)

Liànxí 63

Lìzi: Wǒ huí le jiā yǐhòu kàn diànshì. __b__

1. Bú è. Wó yǐjīng chī le fàn le. ____
2. Wǒ bù zhīdao tā shì shéi. ____
3. Tā zài gěi zhúguán dǎ diànhuà. ____
4. Jīnnián shì yījiǔbāèr nián. ____
5. Wǒ yòng kuàizi chīfàn. ____
6. Xiànzài sān diǎn zhōng. ____
7. Bù. Tā chīfàn de shíhou kànbào. ____
8. Méi yǒu. Hái méi shàng kè. ____
9. Yīnwei jīntiān shì xīngqītiān. ____
10. Jīntiān shì xīngqīsān. ____

a. Xiànzài jí diǎn zhōng?
b. Nǐ huí le jiā yǐhòu zuò shénme?
c. Nǐ yòng kuàizi zuò shénme?
d. Zhāng xiānsheng chīfàn de shíhou kàn diànshì ma?
e. Jīnnián shì něiyīnián?
f. Mìshū zài gěi shéi dǎ diànhuà?
g. Xuésheng wèishénme jīntiān bú shàng kè?
h. Nǐ zhīdao tā shì shéi ma?
i. Jīntiān shì xīngqījǐ?
j. Yǐjīng shàng kè le ma?
k. Nǐ è ma?

HÀNZÌ LIÀNXÍ

1. Nà bú shì nánrén. Nà shì nǚrén.

那不是男人，那是女人。

2. Nèi ge Měiguórén méi you yuánzhūbǐ.

那个美国人没有圆珠笔。

3. Wǒ de nèi běn hēi shū zài nǎr?

我的那本黑书在哪儿？

4. Nèi sì běn shū shì nǐ de ma?

那四本书是你的吗？

5. Nǐ shì bu shì Zhōngguórén?

你是不是中国人？

6. Tāmen shì Rìběnrén.

他们是日本人。

7. Nèi ge nǚrén búshì Měiguórén. Tā shì Yīngguórén.

那个女人不是美国人，她是英国人。

8. Wǒ yǒu jiǔ zhī qiānbǐ.

我有九枝铅笔。

9. Nǐ yǒu wǔ běn shū.

你有五本书。

10. Zhè shì shénme?

这是什么？

16 DÌSHÍLIÙKÈ — NÈIRÓNG

Nǐ zài chīfàn ma?
- Shì, wǒ zài chīfàn.

Xuésheng chīfàn le ma?
- Méi yǒu. Tāmen hái méi chīfàn.

Tā míngtiān yào zuò shénme?
- Tā míngtiān yào dao Niǔyuē qu.

Mìshū yào gàosu zhúguǎn shénme shì?
- Mìshū yào gàosu zhúguǎn Morgan xiānsheng míngtiān dào Zhōngguo qu.

Lǐ xiānsheng zài shūdiàn mǎi shénme?
- Tā zài shūdiàn mǎi shū.

Shūdiàn mài shénme?
- Shūdiàn mài shū, yě mài yuánzhūbǐ.

Ní měitiān dōu xūyào shuìjiào ma?
- Shì, wó měitiān dōu xūyào shuìjiào.

Rúguǒ míngtiān xià yǔ, nǐ jiù zuò shénme?
- Rúguǒ míngtiān xià yǔ, wǒ jiù bù chūqu.

Nǐ zài xiě xìn ma?
- Shì, wǒ zài xiě xìn.

Ní xiě le jǐ fēng xìn?
- Wó xiě le sān fēng xìn.

Lǎoshī bǎ qìchē mài gěi shéi?
- Lǎoshī bǎ qìchē mài gěi zhúguǎn.

Nǐ yào bǎ xìn jì gěi shéi?
- Wǒ yào bǎ xìn jì géi wó mǔqin.

Nǐ shōudao wǒ de xìn le ma?
- Méi yǒu. Wǒ hái méi shōudao.

Nǐ zài nǎr jì xìn?
- Wó zài yóujú jì xìn. Wó bǎ xìn fàngjin yóutǒng li.

Zài nár mǎi yóupiào?
- Zài yóujú mǎi yóupiào.

Nǐ zuótiān shōudao le jǐ fēng xìn?
- Wǒ zuótiān shōudao le sān fēng xìn.

LǏ XIÁOJIE ZÀI XIĚ XÌN

Lǐ xiáojie zài xiě xìn. Tā zuótiān xiě le sān fēng xìn. Jīntiān yào xiě sì fēng xìn. Tā yǒu méi yǒu yóupiào? Yǒu. Tā zuótiān zài yóujú mǎi le hěn duō yóupiào.

Tā yào bǎ yì fēng xìn jì gěi tā fùqin. Tā yào xiě: "...Zhèr de tiānqi hén hǎo. Wó měitiān shàng kè." Tā yě yào xiě: "...Wǒ shàng ge xīngqī mǎi le bā běn shū. Yòng le hěn duō qián. Xià ge yuè yě xūyào mǎi shū. Qǐng nǐ jì sānshí kuài Rénmínbì géi wǒ."

Míngtiān shì xīngqītiān. Lǐ xiáojie bú shàng kè. Tā míngtiān yào zuò shénme ne? Tā yào kàn diànshì, tīng shōuyīnjī, kàn shū. Tā yě yào xiě xìn.

Liànxí 64

1. Lǐ xiáojie zài zuò shènme?

   ____

2. Tā zuótiān xiě le jǐ fēng xìn?

   ____

3. Tā jīntiān yào xié jǐ fēng xìn?

   ____

4. Tā zuótiān mǎi le shénme?

   ____

5. Tā yào bǎ yì fēng xìn jì gěi shéi?

   ____

6. Lǐ xiáojie nàr de tiānqi hǎo bu hǎo?

   ____

7. Tā měitiān zuò shénme?

   ____

8. Tā shàng ge xīngqī mǎi le shénme?

   ____

9. Tā xià ge yuè yào mǎi shénme?

   ____

10. Tā míngtiān yào xiě xìn ma?

   ____

Liànxí 65

... LE MA? / MÉI YǑU ...

Lìzi: Wáng xiānsheng zuótian shuìjiào le ma?

Méi yǒu. Tā zuótiān méi shuìjiào.

1. Nǐ chīfàn le ma?

   ____

2. Nǐ àirén qǐchuáng le ma?

   ____

3. Lǎoshī dǎ diànhuà le ma?

   ____

4. Xuésheng jīntiān kàn bào le ma?

   ____

5. Zhúguǎn huíjiā le ma?

   ____

Liànxí 66

ZUÓTIĀN ... LE / MÍNGTIĀN YÀO ...

Lìzi: Xuésheng zuótiān shàng kè le.

Xuésheng míngtiān yào shàng kè.

1. Wǒ zuótiān dào Niǔyuē qu le.

2. Fúwùyuán zuótiān mǎi shū le.

3. Xuésheng zuótiān zài yóujú mǎi yóupiào le.

4. Zhǔguǎn zuótiān zuò fēijī le.

5. Wáng xiānsheng zuótiān géi wó dǎ diànhùa le.

6. Mìshū zuótiān lái le.

Liànxí 67

RÚGUǑ ... / JIÙ ...

Lìzi: Jīntiān bú xià yǔ. Wǒ yào chūqu.

<u>Rúguǒ jīntiān bú xià yǔ, wǒ jiù yào chūqu.</u>

1. Méi yǒu yún. Bú huì xià yǔ.

   ____

2. Ní hěn è. Nǐ chīfàn.

   ____

3. Méi yǒu fēijīpiào. Shàng fēijī yǐqián yào mǎi yì zhāng.

   ____

4. Hē kāfēi jiā niúnǎi. Wǒ bù xǐhuan hē.

   ____

5. Nǐ bú huì yòng kuàizi. Nǐ yòng chāzi.

   ____

6. Méi yǒu pútáojiǔ. Wǒ hē píjiǔ.

   ____

Liànxí 68

Lìzi: Wǒ míngtian ___yào___ qù. (zài, le, yào)

1. Nǐ ________ shuō Zhōngwén ma? (dào, huì, zuò)

2. Wáng xiānsheng chī zǎofàn de shíhou ________ hē kāfēi. (duōshao, xǐhuan, hǎochī)

3. Wǒmen měitiān ________ shuìjiào. (xūyào, yǐqián, hái méi yǒu)

4. Ní yǐjīng chī fàn ________ ma? (zài, yào, le)

5. Mìshū ______ yì fēng xìn. (shōudao le, jì gěi, yóupiào)

6. Ní xiǎng Zhōngguó cài ________ ma? (xǐhuan, hǎochī, chī bu chī)

7. Nǐ de jiā ________ nǎr? (cóng, zài bu zài, zhù zai)

8. Zhè shì ________ jiǔ? (nǎr, néi zhǒng, jǐ ge)

HÀNZÌ LIÀNXÍ

1. Yǐzi xiàmian yóu wǔ zhāng zhǐ.

   椅子下面有五張纸。

2. Zhèi zhāng zhǐ shì hēi de.

   这張纸是黑的。

3. Nèi bá yǐzi shì bái de ma?

   那把椅子是白的吗？

4. Nǐ de zhuōzi shì bu shì hēi de?

   你的桌子是不是黑的？

5. Wǒ de shū zài nèi zhāng zhuōzi shàngmian ma?

   我的书在那張桌子上面吗？

6. Zhuōzi shàngmian yǒu sān zhāng zhǐ.

   桌子上面有三張纸。

7. Nèi bǎ hēi de yǐzi xiàmian yǒu sān běn shū.

   那把黑的椅子下面有三本书。

8. Wǒ méi yǒu bái de zhǐ; yǒu hóng de zhǐ.

   我没有白的纸；有红的纸。

9. Nèi ge nǚrén de shū zài wǒ de zhuōzi shang.

   那个女人的书在我的桌子上。

10. Nǐmen de zhuōzi bú zài zhèr.

    你们的桌子不在这儿。

17 DÌSHÍQÍKÈ — NÈIRÓNG

Chén xiānsheng shuō zhōngwén shuō de hén hǎo ma?

- Tā shuō de hén hǎo.
- Tā shuō de bù hǎo.
  hěn kuài.
  hěn màn.

Nǐ de érzi pǎo de hěn kuài ma?

- Shì, tā pǎo de hěn kuài.
  màn.

Nǐ hē kāfēi hē de hěn duō ma?

- Shì wǒ hē de hěn duō.
- Bù, wǒ hē de hén shǎo.

Wáng xiānsheng pàng bu pàng?

- Tā hěn pàng.
  hěn shòu.
  hěn gāo.
  hén ǎi.
- Tā yòu ǎi yòu pàng.

Lǐ xiáojie wèishénme míngtiān bù néng lái?

- Yīnwei tā míngtiān yào shàng kè.

Zhèi zhāng zhuōzi nǐ wèishénme nábuqǐlái?

- Yīnwei zhèi zhāng zhuōzi tài zhòng le.

Nèi běn shū qīng bu qīng?

- Qīng. Nèi běn shū hěn qīng.

Fēijī bǐ qìchē dà ma?

- Fēijī bǐ qìchē dà de duō.
  dà yì diǎr.

Ní xǐhuan chī shénme?

- Wǒ shénme dōu xǐhuan chī.

Nǐ yào dào nǎr qu?

- Wó nǎr dōu bú qù.

Lǎoshī gēn shéi yìqǐ chīfàn?

- Lǎoshī gēn zhúguǎn yìqǐ chī fàn.

Nèi ge rén shì shéi?

- Tā shì wǒ péngyou.
- Wǒ bù zhīdao. Wǒ bú rènshi tā.

WÁNG XIĀNSHENG HÉ ZHŌU XIĀNSHENG SHÌ PÉNGYOU

Zhè shì Wáng xiānsheng hé Zhōu xiānsheng. Wáng xiānsheng hěn pàng. Tā bǐ Zhōu xiānsheng pàng de duō. Zhōu xiānsheng bú pàng. Tā hěn shòu. Tā yé hěn gāo. Wáng xiānsheng gāo bu gāo? Bù gāo. Tā hén ǎi.

Zhōu xiānsheng pǎo de hěn kuài. Wáng xiānsheng zǒu de hěn màn. Wáng xiānsheng wèishénme bù pǎo ne? Yīnwei tā tài pàng le. Tā bù néng pǎo. Wáng xiānsheng wèishénme hěn pàng ne? Yīnwei tā xǐhuan chīfàn. Tā shénme dōu xǐhuan chī. Tā chīfàn chī de tài duō le.

Wáng xiānsheng gēn Zhōu xiānsheng shì péngyou. Tāmen nǎr dōu yìqǐ qù, shénme dōu yìqǐ zuò.

Liànxí 69

1. Wáng xiānsheng hěn pàng ma?

2. Tā bǐ shéi pàng?

3. Zhōu xiānsheng hěn pàng háishi hěn shòu?

4. Zhōu xiānsheng yòu shòu yòu gāo ma?

5. Wáng xiānsheng hěn gāo háishi hén ǎi?

6. Shéi pǎo de hěn kuài?

7. Shéi zǒu de hěn màn?

8. Wáng xiānsheng wèishénme bù néng pǎo ne?

9. Wáng xiānsheng xǐhuan chīfàn ma?

10. Tā chīfàn chī de hěn duō ma?

11. Zhōu xiānsheng shì shéi de péngyou?

12. Tāmen nǎr dōu yìqǐ qù, shénme dōu yìqǐ zuò ma?

Liànxí 70

XIĀNGFǍN LIÀNXÍ

Lìzi: hēi ___bái___

dà ___xiǎo___

1. gāo ____________
2. pàng ____________
3. cháng ____________
4. kuài ____________
5. duō ____________
6. zhòng ____________
7. guì ____________
8. shòu ____________
9. duǎn ____________
10. shǎo ____________
11. màn ____________
12. ǎi ____________
13. qīng ____________
14. lěng ____________

Liànxí 71

TĀ PǍO DE HĚN KUÀI

Lìzi: Lǎoshī shuō huà./hěn kuài

Lǎoshī shuō huà shuō de hěn kuài.

1. Chén xiānsheng kàn shù./hěn màn

2. Wǒ chīfàn./bù duō

3. Qíng nǐ shuō huà./kuài yìdiǎr

4. Lǐ xiáojie xiě xìn./hěn cháng

5. Nèi ge shūdiàn mài shū./hěn guì

6. Nǐ shuō Zhōngwén./tài kuài le

7. Jīntiān xià yǔ./hěn duō

8. Wó měitiān yòng qián./hén shǎo

9. Zhōu xiānsheng hē jiǔ./tài duō le

10. Nèi ge xuésheng xiě zì./hěn dà

Liànxí 72

SHÉNME DŌU YÀO ZUÒ / NǍR DŌU YÀO QÙ

Lǐzi: Zhāng xiānsheng huì zuò.

Zhāng xiānsheng shénme dōu huì zuò.

Wǒ yào qù.

Wó nǎr dōu yào qù.

Lǎoshī xǐhuan kàn shū.

Lǎoshī shénme shū dōu xǐhuan kàn.

1. Zhōu xiānsheng xǐhuan hē jiǔ.

____

2. Lǐ xiáojie huì xiě zì.

____

3. Zài Zhōngguó yǒu Zhōngguórén.

____

4. Wǒ bù néng chī ròu.

____

5. Zhúguǎn yào mǎi shū.

____

6. Nèi ge shūdiàn mài bǐ.

____

7. Zài Měiguó yǒu qìchē.

____

8. Wǒ péngyou yào mǎi.

____

Liànxí 73

... GĒN ... YÌQǏ

Lìzi: Lǎoshī/xuésheng/chīfàn

Lǎoshī gēn xuésheng yìqǐ chīfàn.

1. Wǒ/nǐ/zuò huǒchē

2. Zhǔguǎn/mìshū/shàng fēijī

3. Wǒ/wǒ péngyou/chūqu hē jiǔ

4. Wǒ nǚér/wǒ érzi/pǎojìnlai le

5. Lǐ xiǎojie/Wáng xiǎojie/huí jiā le

6. Tā/tā àirén/dào Bālí qu le

7. Mìshū/tā péngyou/kàn diànshì

8. Wáng xiānsheng/Chén xiānsheng/shàngbān

HÀNZÌ LIÀNXÍ

1. Ní hǎo ma?

你好吗？

2. Wó hén hǎo.

我很好。

3. Tā bí nǐ dà ma?

他比你大吗？

4. Ní yǒu duōshao běn shū?

你有多少本书？

5. Zhuōzi bí yǐzi cháng.

桌子比椅子长。

6. Zhèi zhī yuánzhūbǐ bǐ nèi zhī duǎn.

这枝圆珠笔比那枝短。

7. Zhèr yóu hěn duō zhǐ.

这儿有很多纸。

8. Nǐ de zhuōzi cháng bu cháng?

你的桌子长不长？

9. Zhèi běn shū hěn dà.

这本书很大。

10. Nèi ge Zhōngguórén hén hǎo. 那个中国人很好。

18 DÌSHÍBÁKÈ — NÈIRÓNG

Nà shì shénme?
- Nà shì bǎihuòshāngdiàn.
  bǎihuòdiàn.
  diànyǐngyuàn.
  yínháng.
  túshūguǎn.
  yīyuàn.
  bàngōnglóu.
  dàxué.
  gōngyuán.

Nǐ zhù zai nǎr?
- Wǒ zhù zai chéng(shì) de dōngbian.
- Wǒ zhù zai chéng(shì) de nánbian.
- Wǒ zhù zai chéng(shì) de xībian.
- Wǒ zhù zai chéng(shì) de běibian.
- Wǒ zhù zai chéng(shì) de dōngběibian.
- Wǒ zhù zai chéng(shì) de dōngnánbian.
- Wǒ zhù zai chéng(shì) de xīběibian.
- Wǒ zhù zai chéng(shì) de xīnánbian.

Yínháng zài nǎr?
- Yínháng zài bǎihuòshāngdiàn de duìmiàn.

Nǐ zài diànyǐngyuàn zuò shénme?
- Wǒ zài diànyǐngyuàn kàn diànyǐng.
- Wǒ zài túshūguǎn jiè shū.

Gōngyuán lí dàxué jìn ma?
- Hěn jìn, gōngyuán lí dàxué hěn jìn.
- Bú jìn, gōngyuán lí dàxué hén yuǎn.
- Gōngyuán zài dàxué de fùjìn.

Wǒ yào dao yínháng qu.
Zěnme zǒu?
- Wàng dōng zǒu, jiù dào le.
- Yìzhí zǒu.
- Wàng béi zhuǎn.
- Jīngguò dàxué.
- Zài shízìlùkǒu wàng nán zhuǎn.

- Nǐ de qìchē zài nǎr?
- Wó bǎ qìchē jiè gěi wǒ de péngyou le.
- Tā jiè le wǒ de qìchē.
- Wǒ de péngyou gēn wǒ jiè le qìchē.

Nǐ péngyou wèishénme zài yīyuàn li?
- Yīnwei tā bìng le.

Bǎihuòshāngdiàn mài hěn duō dōngxi ma?
- Shì, bǎihuòshāngdiàn mài hěn duō dōngxi.

"Qǐngwèn. Yínháng zài nǎr?"

"Wàng qián yìzhí zǒu.
Jíngguò gōngyuán.
Yínháng jiù zài yòubian."

TÚSHŪGUǍN ZÀI NǍR?

(Morgan xiānsheng bù zhīdao túshūguǎn zài nǎr.)

- Qǐngwèn. Túshūguǎn zài nǎr?

- Túshūguǎn ma? Zài yóujú de dōngbian.

- Yìzhí zǒu ma?

- Bù. Jīngguò bǎihuòshāngdiàn. Zài shízìlùkǒu wàng dōng zhuǎn. Jīngguò gōngyuán. Túshūguǎn jiù zài zuǒbian.

- Túshūguǎn lí zhèr yuǎn bu yuǎn?

- Bù yuǎn. Lí zhèr hěn jìn.

- Túshūguǎn de fùjìn yǒu méi yǒu diànyǐngyuàn?

- Yǒu. Túshūguǎn de duìmiàn yǒu.

- Zhīdao le. Xièxie nǐ.

- Náli. Bú yòng kèqi.

Liànxí 74

1. Morgan xiānsheng zhīdao túshūguǎn zài nǎr ma?

2. Túshūguǎn zài nǎr?

3. Morgan xiānsheng yào dao nǎr qu?

4. Tā yào jīngguò shénme?

5. Tā zài nǎr wàng dōng zhuǎn?

6. Wàng dōng zhuán yǐhòu, tā yào jīngguò gōngyuán ma?

7. Jīngguò gōngyuán yǐhòu, túshūguǎn zài yòubian háishi zài zuǒbian?

8. Túshūguán yuǎn bu yuǎn?

9. Túshūguǎn de fùjìn yǒu shénme?

10. Diànyǐngyuàn zài túshūguǎn de duìmiàn ma?

Liànxí 75

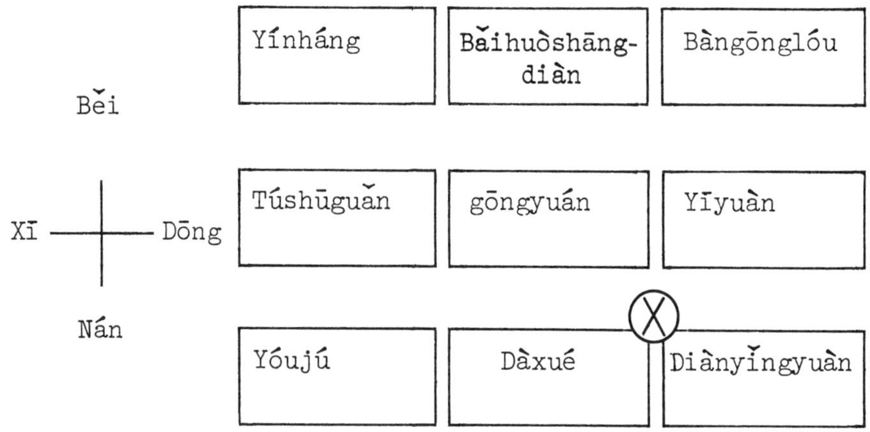

Lìzi: Bǎihuòshāngdiàn zài gōngyuán de <u>běibian</u>.

1. Dàxué zài yóujú de ______________.
2. Diànyǐngyuàn zài gōngyuán de ______________.
3. Yīyuàn zài bàngōnglóu de ______________.
4. Túshūguǎn zài gōngyuán de ______________.
5. Bàngōnglóu zài gōngyuán de ______________.
6. Yóujú zài gōngyuán de ______________.
7. Gōngyuán zài yínháng de ______________.
8. Yínháng zài gōngyuán de ______________.

Liànxí 76

BǍIHUÒSHĀNGDIÀN ZÀI NǍR?

(Qǐng kàn Liànxí 75 dìtú): Nǐ zhàn zai Ⓧ.

Lìzi: Bǎihuòshāngdiàn zài nǎr?

Wàng _béi_ zǒu. Yì _zhí_ zǒu. Jīng _guò_ liǎng ge shízìlùkǒu. Bǎihuòshāngdiàn jìu zài nǐ de zuǒ _bian_.

1. Yóujú zài nǎr?

   Wàng ____________ zǒu. Jīngguò ____________.

   Yóujú jìu zài túshūguǎn de ____________.

2. Bàngōnglóu zài nǎr?

   ____________ béi yǒu. Jīngguò ____________ ge shízìlùkǒu.

   Bàngōnglóu jiù zài nǐ de ____________.

3. Gōngyuán zài nǎr?

   Wàng ____________ zǒu. Gōngyuán jìu zài nǐ de

   ____________.

4. Túshūguǎn zài nǎr?

   Wàng ____________ zǒu. Jīngguò yí ge shízì ________.

   Túshūguǎn jìu zài nǐ de ____________.

5. Dàxué zài nǎr?

   Zài nàr. Zài nǐ de zuǒ ____________.

HÀNZÌ LIÀNXÍ

1. Nǐ dào nǎr qu?

你到那儿去？

2. Qǐng bǎ nèi běn shū náqǐlai.

请把那本书拿起来。

3. Yǒu yí ge Zhōngguórén zǒujìnlai le.

有一个中国人走进来了。

4. Qǐng bǎ yuánzhūbǐ fàngxia.

请把圆珠笔放下。

5. Wǒ bǎ tāmen de hóng yuánzhūbǐ náchūlai le.

我把他们的红圆珠笔拿出来了。

6. Tāmen dōu dào Zhōngguó qu le.

他们都到中国去了。

7. Wǒmen zǒu yi zǒu.

我们走一走。

8. Qǐng bǎ tāmen de shū náchūlai.

请把他们的书拿出来。

9. Tāmen dào zhèr lai le.

他们到这儿来了。

10. Nèi ge Yīngguórén zǒuchūqu le.

那个英国人走出去了。

19 DÌSHÍJIǓKÈ — NÈIRÓNG

Nǐ tīngdedǒng Zhōngwén ma?

- Wǒ tīngdedǒn Zhōngwén.
  tīngbudǒng
- Wǒ kànbudǒng Rìwén.
  kàndedǒng

Nèi xiē xuésheng zài zuò shénme?

- Tāmen zài xuéxí Yīngwén.

Lǎoshī zuò shénme?

- Tā jiāo Zhōngwén.
  jiāo wǒmen Zhōngwén.

Liùshí fēn zhōng shì yí ge zhōngtóu ma?

- Shì, liùshí fēn zhōng shì yí ge zhōngtóu.
- Liùshíwǔ fēn zhōng shì yí ge duō zhōngtóu.
- Sānshí fēn zhōng shì bàn ge zhōngtóu.
- Jiǔshí fēn zhōng shì yí ge bàn zhōngtóu.

Nǐ shuìjiào shuì duójiǔ?

- Wǒ shuìjiào shuì bá ge zhōngtóu.

Ní děng le jǐ fēn zhōng?

- Wó děng le shí fēn zhōng.

Lǎoshī shì dìjǐ ge rén?

- Tā shì dìsān ge rén.

Mìshū zài gēn shéi tánhuà?

- Tā zài gen zhúguǎn tánhuà.

Tā bá shǒutíbāo dǎkai le ma?

- Tā bá shǒutíbāo dǎkai le.
- Tā bǎ mén dǎkai le.
- Tā bǎ mén guānshang le.
- Tā bǎ shū héqǐlai le.

ZHĀNG XIÁOJIE XUÉ ZHŌNGWÉN

Zhè shì Zhāng xiáojie. Tā shì xué Zhōngwén de xuésheng. Tā měitiān dōu dǎkai Zhōngwén shū, xuéxí Zhōngwén. Tā tīngdedǒng yě kàndedǒng Zhōngwén.

Zhāng xiáojie shàngkè de shíhou, rúguǒ bù dǒng lǎoshī shuō shénme, tā jiù wèn wèntí. Lǎoshī yòng Zhōngwén huídá wèntí. Lǎoshī wèishénme bú yòng Yīngwén huídá ne? Yīnwei tā jiāo Zhōngwén de shíhou bù shuō Yīngwén, zhǐ shuō Zhōngwén.

Zhāng xiáojie měi ge xīngqīyī, sān, wǔ shàng Zhōngwén kè, shàng yí ge zhōngtóu. Tā bú shàngkè de shíhou, yě gēn tā de Zhōngguó péngyou yòng Zhōngwén tánhuà.

Liànxí 77

1. Zhāng xiáojie shì lǎoshī háishi xuésheng?

2. Tā xuéxí shénme?

3. Zhōngwén tā tīngdedǒng ma?

4. Tā yě kàndedǒng ma?

5. Zhāng xiáojie rúguǒ bù dóng lǎoshī shuō shénme, tā jiù zuò shénme?

6. Lǎoshī yòng shénme huídá wèntí ma?

7. Lǎoshī wèishénme bú yòng Yīngwén huídá ne?

8. Zhāng xiáojie xīngqījǐ shàngkè?

9. Tā shàngkè shàng duójiǔ?

10. Tā bú shàngkè de shíhou zuò shénme?

Liànxí 78

DÌYÍ GE RÉN SHÌ SHÉI?

Lìzi: Nèi ge Zhōngguórén shì dìjǐ ge rén?

Tā shì dìsān ge rén.

1. Dìyí ge rén shì nán de háishi nǚde?

___

2. Dìsì ge rén dǎkai le shénme?

___

3. Dìyí ge rén gēn dì jǐ ge rén zài tánhuà?

___

4. Dìjǐ ge rén zài kàn shū?

___

Liànxí 79

Lìzi: Wǒ shuìjiào/bá ge zhōngtóu.

Wǒ shuìjiào shuì le bá ge zhōngtóu.

1. Wǒ gēn péngyou tánhuà/yí ge duō zhōngtóu.

   ____

2. Mìshū chīfàn/bàn ge zhōngtóu.

   ____

3. Xuésheng shàngkè/yí ge duō zhōngtóu.

   ____

4. Wó déng nǐ/shí fēn zhōng.

   ____

5. Zhúguǎn shàng dàxué/jǐ nián?

   ____

6. Wǒ zuò huǒchē/yì tiān.

   ____

HÀNZÌ LIÀNXÍ

1. Tā shì shéi?

   他是谁？

2. Nǐ huì shuō Yīngwén ma?

   你会说英文吗？

3. Wǒ érzi huì kàn Rìwén.

   我儿子会看日文。

4. Nǐ zài zuò shénme?

   你在做什么？

5. Wó nǚér zài Zhōngguó.

   我女儿在中国。

6. Tāmen dōu shì Měiguórén.

   他们都是美国人。

7. Zhè shì Rìwén ma?

   这是日文吗？

8. Nǐ kàndao le shénme?

   你看到了什么？

9. Nèi ge Zhōngguórén shì shéi?

   那个中国人是谁？

10. Wǒ bú huì shuō Yīngwén.

    我不会说英文。

20 DÌÈRSHÍ KÈ — NÈIRÓNG

Nǐ de shēngrì shì jǐ yuè jǐ hào?
- Wǒ de shēngrì shì sān yuè bá hào.

Nǐ duódà suìshu?
- Wǒ sānshísì suì.
- Wǒ shì yījiǔwǔyī nián chūshēng de.

Nǐ érzi jǐ suì?
- Wǒ érzi sān suì.

Ní yóu jǐ ge gēge?
- Wó yóu liǎng ge gēge.
  yí ge dìdi.
  yí ge mèimei.
- Wǒ méi yǒu jiějie.

Nà shì gǒu ma?
- Shì, nà shì gǒu.

Ní yǒu fángzi ma?
- Wó yǒu fángzi.

Zhè shì wòfáng ma?
- Shì, zhè shì wòfáng.

Nà shì chúfáng.
  xíshǒujiān.
  yùshì.

Xuéxiào yóu jǐ céng lóu?
- Xuéxiào yǒu sān céng lóu.
  Jiàoshì zài èr lóu.
  Bàngōngshì zài sān lóu.

Zhè shì shénme?
Zhè shì chuānghu.
  chuáng.
  shāfā.
  dìtǎn.
  diànchàngjī.
  lóutī.
  bīngxiāng.
  lúzi.

Nǐ huì zhǔfàn ma?
- Huì, wǒ huì zhǔfàn.

ZHÈ SHÌ YÍ GE FÁNGZI

Zhè bú shì bàngōnglóu. Zhè shì liǎng céng lóu de fángzi. Lǐmian yǒu bā jiān fángjiān. Yǒu wòfáng, chúfáng, liǎng jiān xǐshǒujiān. Měi jiān fángjiān dōu yǒu dìtǎn.

Zài náli zhǔfàn ne? Zài chúfáng li zhǔfàn. Chúfáng li yǒu lúzi. Yé yǒu bīngxiāng.

Zhèi ge fángzi yǒu sān jiān wòfáng. Měi yì jiān dōu yǒu chuáng. Zuì dà de wòfáng li hái yǒu shāfā hé diànchàngjī.

Liànxí 80

1. Zhè shì bàngōnglóu háishi fángzi?

2. Shì jǐ céng lóu de fángzi?

3. Yígòng yóu jǐ jiān fángjiān?

4. Měi jiān dōu yǒu shénme?

5. Zài náli zhǔfàn?

6. Chúfáng li yǒu shénme?

7. Zhèi ge fángzi yóu jǐ jiān wòfáng?

8. Měijiān wòfáng dōu yǒu shénme?

9. Zuì dà de wòfáng hái yǒu shénme?

MÁ XIǍOSHÍ DE SHĒNGRÌ

Zhè shì Mǎ jiā. Mǎ xiānsheng, Mǎ tàitai yǒu sì ge háizi. Zuì dà de shì Mǎ Jiéshēng. Tā jǐ suì ne? Tā shíliù suì. Mǎ Huāhuā, Má Xiǎolán shì tā de mèimei. Mǎ Huāhuā shí suì. Má Xiǎolán bá suì. Zuì xiǎo de xiǎo háizi shì shéi ne? Tā shì Má Xiǎoshí. Jīntiān shì tā de shēngrì. Tā jīntiān wǔ suì le.

Má Xiǎoshí shì Mǎ Jiéshēng de dìdi. Mǎ Huāhuā, Má Xiǎolán shì Má Xiǎoshí de jiějie.

Liànxí 81

1. Mǎ xiānsheng, Mǎ tàitai yóu jǐ ge háizi?

2. Zuì dà de xiǎoháizi míngzi jiào shénme?

3. Tā jǐ suì?

4. Tā yóu jǐ ge mèimei?

5. Mǎ Huāhuā jǐ suì?

6. Mǎ Xiǎolán ne? Tā jǐ suì?

7. Zuì xiǎo de xiǎo háizi shì shéi?

8. Jīntiān shì shéi de shēngrì?

9. Tā jīntiān jǐ suì le?

10. Shéi shì Mǎ Xiǎoshí de gēge?

HÀNZÌ LIÀNXÍ

1. Nǐ chīfàn le ma?

   你吃饭了吗？

2. Tāmen zài zuò shénme?

   他们在做什么？

3. Nǐ yào dào nǎr qu?

   你要到哪儿去？

4. Shéi lái le?

   谁来了？

5. Ní yǒu jí běn shū?

   你有几本书？

6. Zhuōzi shang yóu jǐ zhī yuánzhūbǐ?

   桌子上有几枝圆珠笔？

7. Nǐ xiànzài yào chīfàn ma?

   你现在要吃饭吗？

8. Wǒ yào dào Zhōngguó qu.

   我要到中国去。

9. Tāmen xiànzài zài nǎr?

   他们现在在哪儿？

10. Nǐ kàndao le jǐ ge rén?

    你看到了几个人？

FÙXÍ
DÌSÌKÈ

ZHĀNG XIÁOJIE QÙ BǍIHUÒSHĀNGDIÀN

Zhāng xiáojie jīntiān chūqu mǎi le hěn duō dōngxi. Tā shàngwǔ qù bǎihuòshāngdiàn mǎi le yí ge shǒutíbāo. Tā líkāi le bǎihuòshāngdiàn yǐhòu zǒudao duìmiàn de yóujú qu, zài nàr děng le yì fēn zhōng, mǎi le hěn duō yóupiào.

Zhāng xiáojie zhōngwǔ zài gōngyuán dōngbian de yí ge xiǎo fànguǎn li chī wǔfàn. Chī le fàn yǐhòu, tā jīngguò gōngyuán, dào túshūguǎn qu jiè shū. Tā yě zài túshūguǎn xībian de shūdiàn mǎi le sān běn shū. Tā míngtiān yào bǎ tā mǎi de yì běn shū gěi tā dìdi. Wèishénme ne? Yīnwei míngtiān shì tā dìdi de shēngrì.

Liànxí 82

1. Zhāng xiáojie jīntiān zuò le shénme?

    ____.

2. Tā zài bǎihuòshāngdiàn mǎi le shénme?

    ____.

3. Bǎihuòshāngdiàn de duìmiàn yǒu shénme?

    ____.

4. Tā zài yóujú děng le duójiǔ?

    ____.

5. Tā zài yóujú mǎi le shénme?

    ____.

6. Zhāng xiáojie zài nǎr chī wǔfàn?

    ____.

7. Chī le fàn yǐhòu tā zuò shénme?

    ____.

8. Tā zài nár mǎi shū?

    ____.

9. Tā yào bǎ yì běn shū gěi shéi?

    ____.

10. Wèishénme ne?

    ____.

Liànxí 83

Lìzi: Wǒ shénme cài __dōu__ xǐhuan chī.
(hái, dōu, gēn)

1. Nǐ ______________ zhèi ge rén ma?
(rènshi, xiǎng, tīng)

2. Xuésheng zài ________________ jiè shū.
(túshūguǎn, gōngyuán, yīyuàn)

3. Lǐ xiáojie xiě le liǎng ____________ xìn.
(fēng, zhāng, ge)

4. Wáng xiānsheng zǒu __________ hěn kuài.
(de, zài, zuì)

5. Lúzi zài __________________ li.
(wòfáng, chúfáng, xǐshǒujiān)

6. Wǒmen de xuéxiào yǒu sān _____________ lóu.
(zhāng, fēng, céng)

7. Ní xǐhuan gēn péngyou _____________ chīfàn ma?
(yào, yìqǐ, zài)

8. Nǐ jiā ______________ xuéxiào jìn ma?
(lí, gēn, zài)

9. Wǒ mèimei jīntiān èrshí ______________ le.
(nián, shēngrì, suì)

10. Lǎoshī ______________ nǐ shénme? (shì, kàn, wèn)

11. Dào le shízìlùkǒu ____________________xī zhuǎn.
(wàng, dào, zǒu)

12. Rúguǒ méi yǒu _______________ jiù bù néng jì xìn.
(dōngxi, shōudao, yóupiào)

13. Ní zěnme _______________ tā de wèntí?
(huídá, tánhuà, jiāo)

14. Xuésheng měitiān shàngkè shàng yí ge _____________.
(zhōng, zhōngtóu, tiān)

15. Wǒ shì yījiǔsìbā nián ______________________.
(shēngrì, duódà suìshu, chūshēngde)

16. Zhèi bá yǐzi _____________ zhòng le. Wǒ nábuqǐlái.
(tài, shì, bù)

17. Ní měitiān shuìjiào shuì ________________?
(duōshao, duójiǔ, shénme)

18. Chén xiānsheng shì lǎoshī. Tā ______________ Zhōngwén.
(wèn, shàng, jiāo)

19. Rúguǒ méi yǒu lúzi jiù bù néng _______________.
(chīfàn, zhǔfàn, wǔfàn)

20. Nèi ge bǎihuòshāngdiàn shénme dōu _______________.
(mǎi, mài, màigei)

Liànxí 84

Lìzi: Dìbǎn shang yǒu dìtǎn. __k__

1. Tā wèn wǒ xiànzài jǐ diǎn zhōng. _____
2. Wǒ shénme cài dōu xǐhuan chī. _____
3. Zài túshūguǎn jiè shū. _____
4. Zài gōngyuán de duìmiàn. _____
5. Tā shì dìèr ge rén. _____
6. Wǒ sānshí suì. _____
7. Yǒu sān céng lóu. _____
8. Tā zǒu de hěn kuài. _____
9. Wǒmen zài tán tiānqi. _____
10. Wǒ děng le wǔ fēn zhōng. _____

a. Zhāng xiānsheng zǒu de hěn màn háishi zǒu de hěn kuài?
b. Nǐ duódà suìshu?
c. Ní děng le duójiǔ?
d. Mìshū shì dìjǐ ge rén?
e. Ní xǐhuan chī shénme cài?
f. Lǎoshī wèn nǐ shénme?
g. Nèi ge fànguǎn yǒu jǐ céng lóu?
h. Nǐmen zài tán shénme?
i. Yínháng zài nǎr?
j. Zài náli jiè shū?
k. Dìbǎn shang yǒu shénme?

HÀNZÌ LIÀNXÍ

1. Zhuōzi shàngmian yǒu sān zhī yuánzhūbǐ.
   桌子上面有三支圆珠笔。
2. Tāmen xiànzài zài chīfàn ma?
   他们现在在吃饭吗？
3. Wǒ huì shuō Zhōngwén.
   我会说中文。
4. Nèi sān ge nǚrén dōu shì Měiguórén.
   那三个女人都是美国人。
5. Ní yǒu jí běn shū?
   你有几本书？
6. Wǒ érzi zài kàn shū.
   我儿子在看书。
7. Tāmen dào nǎr qu le?
   他们到哪儿去了？
8. Wó bá nǐ de shū náqǐlai le.
   我把你的书拿起来了。
9. Wó nǚer zǒuchūqu le.
   我女儿走出去了。
10. Yǐzi xiàmian yǒu liù zhāng zhǐ.
    椅子下面有六张纸。

21 DÌÈRSHÍYÍKÈ — NÈIRÓNG

Zhè shì shénme?

- Zhè shì hùzhào.
  qiānzhèng.
  zàopiàn.

Nǐ yào zuò fēijī déi mǎi shénme?

- Déi mǎi fēijīpiào.

Dàshíguǎn zài nǎr?

- Dàshíguǎn zài shǒudū.

Zài náli huàn qián?

- Zài yínháng huànqián.
- Bá Měiyuán huànchéng Rénmínbì.

Wáng xiānsheng zuò shénme gōngzuò?

- Tā shì gōngrén.
- Tā zài gōngchǎng zuò gōng.
- Wáng xiānsheng shì jīnglǐ.
- Wáng xiānsheng shì chángzhǎng.

Gōngrén zhìzào shénme?

- Tāmen zhìzào yǐzi, zhuōzi.
- Tāmen zhìzào jiāju.

Lǎoshī shì jīntiān lái de ma?

- Bù, tā shì zuótiān lái de.

Zhèi fēng xìn shì lǐ xiáojie xiě de ma?

- Bù, nèi fēng xìn shì wó xiě de.

Shì mìshū géi wó dǎ diànhuà de ma?

- Bù, shì wǒ géi ní dǎ diànhuà de.

Zhōngguó jìnkǒu jiāju ma?

- Bù, Zhōngguó chūkǒu jiāju.
- Chūkǒu dào wàiguo qu.

Nèi ge rén shì wàiguorén ma?

- Shì, tā shì wàiguorén.
- Tā shuō wàiguo yǔyán.

BĚIJĪNG DE FĒIJĪCHǍNG

Zhè shì Běijīng de fēijīchǎng. Zhèi xiē rén dōu shì lái Zhōngguó lǚxíng de. Tāmen dōu bú shì Zhōngguórén, shì wàiguorén. Yīnwei tāmen shì wàiguorén, suóyi dōu xūyào hùzhào hé Zhōngguó de qiānzhèng.

Zhèi xiē rén, yǒu de shì Měiguórén, yǒu de shì Rìběnrén. Tāmen dōu méi yǒu Zhōngguó qián. Dào le Zhōngguó yǐhòu, tāmen dōu déi bǎ wàiguo qián huànchéng Rénmínbì.

Liànxí 85

1. Zhè shì Běijīng de huǒchēzhàn háishi Běijīng de fēijīchǎng?

2. Zhèi xiē rén dào Zhōngguó lái zuò shénme?

3. Tāmen shì Zhōngguórén ma?

4. Tāmen shì wàiguorén ma?

5. Yīnwei tāmen shì wàiguorén, suóyi dōu xūyào hùzhào ma?

6. Tāmen yě xūyào Zhōngguó de qiānzhèng ma?

7. Tāmen dōu shì Měiguórén ma?

8. Yǒu de shì Rìběnrén ma?

9. Tāmen dōu yǒu Zhōngguó qián ma?

10. Tāmen děi bǎ qián huànchéng shénme?

Liànxí 86

NǏ ZUÒ SHÉNME GŌNGZUÒ?

Lìzi: Wǒ zài gōngchǎng zuògōng. gōngrén

1. Wǒ zài fànguǎn li zuò shì. ________

2. Wǒ zài bàngōngshì li dǎ zì. ________

3. Wǒ zài dàxué jiāo shū. ________

4. Wǒ zài gōngchǎng zuò shì, dànshi wǒ bú shì gōngrén.

____

5. Wǒ zài dàxué xuéxí Zhōngwén. Wǒ bú zuò shì.

____

a. lǎoshī

b. fúwùyuán

c. xuésheng

d. chángzhǎng

e. mìshū

Liànxí 87

SHÌ ... DE

Lìzi: Tā shì jīntiān lái de ma? /zuótiān/
Bù, tā shì zuótiān lái de.

1. Nǐ shì jīnnián dào Zhōngguó qù de ma? /qùnián/

2. Zhèi fēng xìn shì Lǐ xiáojie xiě de ma? /Wáng xiáojie/

3. Chén xiānsheng de qìchē shì zài Déguó zhìzào de ma? /Měiguó/

4. Xuésheng shì zuò fēijī lái de ma? /huǒchē/

5. Zhāng xiānsheng shì xīngqīsì lái de ma? /xīngqīsān/

HÀNZÌ LIÀNXÍ

1. Guì xìng?

贵姓？

2. Wǒ xìng Wáng.

我姓王。

3. Tā xìng Lǐ.

他姓李。

4. Nǐ xìng Zhāng.

你姓张。

5. Tā de míngzi jiào shénme?

他的名字叫什么？

6. Tā xìng Chén háishi xìng Lǐ?

他姓陈还是姓李。

22 DÌÈRSHÍÈR KÈ—NÈIRÓNG

Nǐ xiàtiān xǐhuan néizhǒng yùndòng?

- Wǒ xiàtiān xǐhuan yóuyǒng.

Nǐ bìng le ma?

- Méi yǒu, wǒ méi bìng.
- Wǒ hěn jiànkāng.

Nǐ dōngtiān xǐhuan néizhǒng yùndòng?

- Wǒ dōngtiān xǐhuan huáxuě.
  liūbīng.

Lǐ xiáojie huì tán jítā ma?

- Huì, tā huì tán jítā.
- Yě huì tán gāngqín.

Nèi xiē xiǎoháizi zài dǎ shénme qiú?

- Tāmen zài dǎ lánqiú.
  dǎ bàngqiú.
  tī zúqiú.
  dǎ pīngpāngqiú.

Xiǎoháizi zài zuò shénme?

- Tāmen zài chànggē.
- Tāmen zài tiàowǔ.

Tāmen zài xuéxiào lǐmian dǎ háishi zài xuéxiào wàimian dǎ?

- Tāmen zài xuéxiào wàimian dǎ.

Chúle ní yǐwài, méi yǒu biérén lái.
Chúle zhūròu yǐwài, méi yǒu bié de ròu.
Chúle niúròu yǐwài, wǒ hái xǐhuan chī zhūròu.

Tiānqi hén hǎo. Nǐ qù yóuyǒng ma?

- Bù, wǒ bú qù yóuyǒng.
- Suīrán tiānqi hén hǎo, dànshi wǒ bú qù yóuyǒng.

YÀO ZUÒ SHÉNME NE?

Xiáo Lǐ: - Nǐ yào bu yào qù dǎ lánqiú?

Xiáo Mǎ: - Dǎ lánqiú yígòng xūyào shí ge rén. Wǒmen zěnme néng dǎ?

Xiáo Lǐ: - Nàme, dǎ pīngpāngqiú hǎo bu hǎo?

Xiáo Mǎ: - Pīngpāngqiú wǒ bù xǐhuan dǎ.

Xiáo Lǐ: - Nǐ yào dǎ shénme qiú ne?

Xiáo Mǎ: - Wǒ shénme qiú dōu bú yào dǎ.

Xiáo Lǐ: - Nàme, dào wàimian qu yóuyǒng, hǎo bu hǎo?

Xiáo Mǎ: - Wàimian hén lěng. Shuǐ tài lěng le. Wǒ bú yào qù.

Xiáo Lǐ: - Nǐ yào zuò shénme ne? Chīfàn ma?

Xiáo Mǎ: - Bù. Wǒ yào kàn diànshì.

Liànxí 88

1. Dǎ lánqiú yígòng xūyào duōshao rén?

2. Pīngpāngqiú ne? Xūyào jǐ ge rén?

3. Xiáo Mǎ yào bu yào dǎ pīngpāngqiú?

4. Tā yào dǎ shénme qiú?

5. Xiáo Lǐ yào dào wàimian qu zuò shénme?

6. Xiáo Mǎ rènwéi wàimian tài rè le ma?

7. Tā shuō shuí zěnmeyàng?

8. Xiáo Mǎ yào zuò shénme?

Liànxí 89

NÍ XǏHUAN YÙNDÒNG MA?

a. wàimian	f. tī
b. huáxuě	g. yóuyǒng
c. liūbīng	h. jiànkāng
d. qiú	i. bái
e. xiǎo	j. huáng

1. Shuí lěng de shíhou jiù bù néng ________.

2. Měitiān yùndòng jiù huì hěn ________.

3. Bàngqiú zuì hǎo zài ________ dǎ.

4. Wó hén xǐhuan ________ zúqiú.

5. Pīngpāngqiú hěn ________.

6. Xiàxuě de shíhou hěn duō rén xǐhuan qu ________.

7. Huáxuě, ________, shì dōngtiān de yùndòng.

8. Lánqiú bú shì bái de, shì ________ de.

9. Bàngqiú shì ________ de.

10. Ní xǐhuan dǎ ________ ma?

Liànxí 90

YĪNWEI / SUÓYI SUĪRÁN / DÀNSHI RÚGUǑ / JIÙ

Lìzi: Yīnwei xiànzài hěn rè, suóyi wǒ yào qù yóuyǒng.

Suīrán xiànzài hěn rè, dànshi wǒ bú yào qù yóuyǒng.

Wǒ bú shì Fǎguórén. Rúguǒ wǒ shì Fǎguórén, wǒ jiù huì shuō Fǎwén.

1. ______ tā chànggē chàng de bù hǎo, ______ tā hén xǐhuan chàng.

2. ______ jīntiān shì xīngqītiān, ______ wǒmen bú shàng bān.

3. Zhāng xiānsheng ______ míngnián dào Yīngguó qu, tā ______ huì qù kàn nǐ.

4. ______ jīntiān xiàyǔ, hén lěng, ______ wǒ hái shì yào chūqu yóuyǒng.

5. Wǒ bù zhīdao míngtiān xià bu xià xuě. ______ xià xuě, wǒ ______ yào qù huáxuě.

6. ______ tā shì mìshū, ______ tā dǎ zì dǎ de hén hǎo.

7. Lǐ xiáojie ______ bú huì tán jítā, ______ tā huì tán gāngqín.

8. ______ xià xuě le, ______ wàimian bù lěng.

Liànxí 91

CHÚLE ... YǏWÀI

Lìzi: Chúle zhèi zhī yuánzhūbǐ yǐwài, zhèi xiē dōu shì qiānbǐ .

1. Chúle nèi zhāng zhuōzi yǐwài,...

2. Wáng xiānsheng chúle Yīngwén yǐwài...

3. Chúle zhūròu yǐwài,...

4. Chúle zhèi běn shū yǐwài,...

5. Chúle chá yǐwài,...

6. Chúle bàngqiú yǐwài,...

7. Chúle gāngqín yǐwài,...

8. Chúle tiàowú yǐwài,...

a. Xiáo Lí yě huì dǎ lánqiú.

b. nèi sān běn yě shì Zhōngwén shū.

c. wǒ yé xǐhuan hē kāfēi.

d. wǒ shénme dōu bú huì tán.

e. méi yǒu bié de ròu.

f. yě huì shuō Rìwén.

g. wǒ de jiāju dōu bù hǎo.

h. Wáng xiānsheng yě huì chànggē.

HÀNZÌ LIÀNXÍ

1. Tā zài fànguǎn chīfàn.

他在饭馆吃饭。

2. Nèi ge fànguǎn hén hǎo.

那个饭馆很好。

3. Wǒ bú zuò fēijī, wǒ yào zuò huǒchē.

我不坐飞机，我要坐火车。

4. Nà shì nǐ de qìchē ma?

那是你的汽车吗？

5. Zuò chūzūqìchē guì bu guì?

坐出租汽车贵不贵？

6. Ní yǒu méi yǒu zìxíngchē?

你有没有自行车？

7. Nà shì Zhōngguó fànguǎn háishi Měiguó fànguǎn?

那是中国饭馆还是美国饭馆？

8. Rìběn de fēijī hěn dà ma?

日本的飞机很大吗？

9. Zhōngguó yǒu méi yǒu hěn duō de fàndiàn?

中国有没有很多的饭店？

10. Nà shì huǒchē ma?

那是火车吗？

11. Nǐ zuò huǒchē qu háishi zuò fēijī qu?

你坐火车去还是坐飞机去？

12. Ní yǒu méi yǒu qìchē?

你有没有汽车？

13. Nà shì fàndiàn háishi fànguǎn?

那是饭店还是饭馆？

14. Zhèr yǒu méi yǒu chūzūqìchē?

这儿有没有出租汽车？

23 DÌERSHÍSĀN KÈ — NÈIRÓNG

Lǎoshī gēn wǒ shēngqì ma?

- Méi yǒu, tā méi gēn nǐ shēngqì.
- Shì, tā gēn nǐ shēngqì.

Xiǎoháizi kū le ma?

- Shì, tā kū le.
- Méi yǒu, tā méi kū.
- Tā xiào le.
- Tā hāhādàxiào le.

Nǐ juéde zěnmeyàng?

- Wǒ juéde hěn gāoxìng.
nánguò.
lèi.
shūfu.

Mǔqin wèishénme shēngqì?

- Xiǎoháizi ràng tā shēngqì.

Shéi géi ní xǐ yīfu?

- Àirén géi wó xǐ yīfu.

Nǐ de fùqin lǎo ma?

- Shì, tā hén lǎo.

Bù, tā bù lǎo.

- Tā hái niánqīng.

Nǐ de qìchē shì jiù chē háishi xīn chē?

- Wǒ de qìchē shì xīn chē. Xīn qìchē bǐ jiù qìchē hǎo.

Nǐ yào bu yào xiūxi.

- Wǒ yào xiūxi. Wó hěn lèi.

FÙ TÀITAI ZÀI GĒN HÁIZI SHĒNGQÌ

Zhè shì Fù tàitai hé tā liǎng ge xiǎo háizi. Xiǎohuá zài kū! Jiéróng yě zài kū ma? Tā méi kū, tā zài hāhādàxiào ne! Tā wèishénme nàme gāoxìng ne? Yīnwei tā mǔqin zai gēn tā mèimei shēngqì. Xiǎohuá zěnme ràng tā mǔqin shēngqì le ne? Yīnwei Fù tàitai jìnlai de shíhou, Xiǎohuá zài gāngqín shang chànggē, tiàowǔ. Tā tiàowǔ de shíhou, Jiéróng zài tán gāngqín. Tā tán gāngqín tán de hěn bù hǎo tīng! Mǔqin suīrán yě gēn tā shēngqì, dànshi tā méi kū.

Liànxí 92

1. Zhèi xiē rén shì shéi?

2. Shéi zài kū?

3. Shéi zài hāhādàxiào ne?

4. Jiéróng wèishénme hěn gāoxìng ne?

5. Fù tàitai jìnlai de shíhou, Xiǎohuá zài nǎr?

6. Tā zài gāngqín shang zuò shénme?

7. Tā tiàowǔ de shíhou, Jiéróng zài zuò shénme?

8. Jiéróng tán gāngqín tan de zěnmeyàng?

9. Mǔqin yě gēn Jiéróng shēngqì ma?

10. Jiéróng yǒu méi yǒu kū?

Liànxí 93

NǏ JUÉDE ZĚNMEYÀNG?

1. Jīntiān shì wǒ de shēngrì. Wǒ juéde...

2. Wǒ péngyou bìng le. Wǒ juéde...

3. Wǒ zuò zai shāfā shang xiūxi. Wǒ juéde...

4. Wǒ jīntiān shàng bān, shàng le shíèr ge zhōngtóu. Wǒ juéde...

5. Wàimian xiàxuě le, wǒ méi chuān jiákè. Wǒ juéde...

6. Wǒ bù lǎo! Jīnglǐ shuō wǒ hěn lǎo! Wǒ juéde...

7. Jīntiān hěn rè, méi yǒu shuǐ hē. Wǒ juéde...

8. Wǒ yìtiān dōu méi yǒu chī fàn. Wǒ juéde...

a. hěn gāoxìng

b. hěn kě

c. hěn shūfu

d. hěn è

e. hěn nánguò

f. hěn lěng

g. hěn shēngqì

h. hěn lèi

HÀNZÌ LIÀNXÍ

1. Zhè shì niúròu.

这是牛肉。

2. Zhè bú shì niúròu. Zhè shì zhūròu.

这不是牛肉，这是猪肉.

3. Nǐ yào bu yào hē píjiǔ?

你要不要喝啤酒。

4. Jiàngyóu zài nǎr?

酱油在哪儿？

5. Wǒ yào chī Zhōngguó cài.

我要吃中国菜。

6. Rìběnrén hé Zhōngguórén dōu chī mǐfàn.

日本人和中国人都吃米饭。

7. Nèi ge fànguǎn de cài hǎo bu hǎo chī?

那个饭馆的菜好不好吃？

8. Zhōngguórén chī niúròu ma?

中国人吃牛肉吗？

9. Nǐ hē shénme jiǔ?

你喝什么酒？

10. Píjiú hǎo, háishi mǐjiǔ hǎo?

啤酒好，还是米酒好？

11. Niúròu hěn guì ma?

牛肉很贵吗？

12. Zhè shì jiàngyóu háishi mǐjiǔ?

这是酱油还是米酒？

13. Rìběn cài hǎo chī ma?

日本菜好吃吗？

14. Nǐ hē bu hē píjiǔ?

你喝不喝啤酒？

15. Mǐfàn zài nǎr?

米饭在哪儿？

24 DÌÈRSHÍSÌ KÈ — NÈIRÓNG

Míngtiān yídìng huì xià yǔ.
dàgài
kěnéng

Nǐ yào bānjiā ma?

- Shì, wǒ yào bānjiā.
  Wǒ yào bān dao Běijīng qu.

Ní hěng máng ma?

- Wǒ bù máng.

Tā shì Měiguórén ba!
Tā shì Měiguórén.

Qǐng bāng wǒ bānjiā.
Qǐng bāng wǒ de máng.
Bāng bang máng!

Zhè shì nǐ zìjǐ xiě de ma?

- Shì, zhè shì wǒ zìjǐ xiě de.

Zhèi xiē pánzi dōu hěn zāng.
Zhèi xiē pánzi dōu hěn gānjing.

Zhōngwén hěn róngyi ma?
nán

Nǐ chī kuò zhōngguó cài ma?

- Wǒ chī kuò.
- Wǒ méi chī kuò.

Zǎo!

Nǐ zǎo!

Wǒ shuō de duì bu duì?

- Nǐ shuō de bú duì.
  Nǐ shuō cuò le.
  Nǐ shuō de búcuò!

Lǎoshī shénme shíhou huí lai?

- Tā xiàwǔ huí lai.
- Tā yǐjīng huí Běijīng qu le.

Zài Zhōngguó, zuò huǒche fāngbian ma?

- Hěn fāngbian.

Zhè shì wǒ dìyí cì dào Rìběn qu.

Zhèi fēng xìn mìshū dǎ le jǐ cì?

- Tā dǎ le sān cì.

Wǒ yào géi nǐ jièshao jièshao.
"Zhèi yí wèi shì Mǎ xiānsheng."

Xiànzài jí diǎn zhōng?

- Xiànzài shì zǎoshang bā diǎn zhōng.

Xiè xie!

- Bié kèqi.

Kèren yǐjīng lái le ma?

ZHŌU XIĀNSHENG YÀO BĀN HUÍ SHÀNGHǍI QU

Jiāng: - Lǎo Zhōu! Nǐ jīntiān yào bānjiā ma?

Zhōu: - Shìde, wǒ jīntiān wǎnshang yào huí Shànghǎi qu.

Jiāng: - Wǒ lái bāng nǐ de máng! Nǐ zìjǐ bānjiā hěn bù róngyi!

Zhōu: - Xiè xie. Nǐ dàgài hěn máng ba.

Jiāng: - Bù máng. Bié kèqi! Nèi ge hézi tài dà. Wǒ bāng nǐ fàng zai zhuōzi shang.

Zhōu: - Xiè xie. Wǒmen fàng zai yǐzi shang. Yīnwei zhuōzi tài zāng.

Jiāng: - Hǎo. Ní kěnéng huí Běijīng lái ma?

Zhōu: - Hái bù zhīdao. Kěnéng míngnián huì huí lai.

Jiāng: - Nǐ àirén gēn nǐ yìqǐ bān dao Shànghǎi qu ma?

Zhōu: - Bù. Tā xūyào zài Běijīng jiāoshū. Wǒ zài Shànghǎi, tā zài Běijīng, hěn bù fāngbian!

Liànxí 94

1. Zhōu xiānsheng jīntiān yào bānjiā ma?

2. Tā yào huí nǎr qu?

3. Jiāng xiānsheng yào bāng Zhōu xiānsheng de máng ma?

4. Jiāng xiānsheng rènwéi zìjǐ bānjiā róngyi ma?

5. Zhōu xiānsheng shuō shénme kèqi huà?

6. Wèishénme bù bǎ hézi fàng zai zhuōzi shang?

7. Tāmen bǎ hézi fàng zai nǎr?

8. Zhōu xiānsheng kěnéng něiyìnián huì huí Běijīng lai?

9. Tā àirén gēn tā yìqǐ bān dao Shànghǎi qu ma?

10. Tā àirén xūyào zuò shénme?

11. Zhōu xiānsheng juéde fāng bu fāngbian?

Liànxí 95

Lǐzi: Zhōngwén hěn róngyi.

1. Zhè shì nǐ _____ yí cì lái Zhōngguó ma?

2. Qǐng _____ wǒ jièshao.

3. Xiànzài shì _____ shang bā diǎn zhōng.

4. _____ cuò! Ní xiě zì xiě de hěn hǎo.

5. Wǒ yào qíng nǐ chī fàn, yīnwei nǐ shì wǒ de _____ ren.

6. Pánzi hěn zāng. Lǐ xiáojie yào bǎ pánzi xǐ _____ jing.

7. Zhèi ge zì bú duì. Wó xiě _____ le.

8. Zhāng lǎoshī bú zài zhèr. Tā dàgài míngtiān _____ lái.

9. Wáng xiānsheng bù yídìng zài jiā. Tā _____ néng zài jiā.

10. Zhèi fēng xìn shì wǒ zì _____ xiě de.

Liànxí 96

GUO

Lìzi: qù/Zhōngguó

Nǐ qùguo Zhōngguó ma?

Wǒ qùguo Zhōngguó.

Wǒ méi qùguo Zhōngguó.

1. xué/Rìwén

2. bān/jiā

3. chī/yángròu

4. zuò/fēijī

HÀNZÌ LIÀNXÍ

1. Běijīng zài Zhōngguó ma?

北京在中国吗？

2. Tiānjīn, Shànghǎi, Guǎngzhōu yě zài Zhōngguó ma?

天津，上海，广州也在中国吗？

3. Ní xǐhuan chī Zhōngguó cài ma?

你喜欢吃中国菜吗？

4. Nà shì diànshì háishi diànhuà?

那是电视还是电话？

5. Wó hén xǐhuan kàn diànyǐng.

我很喜欢看电影。

6. Wǒ méi yǒu shōuyīnjī.

我没有收音机。

7. Zhè shì Měiguó bàozhǐ ma?

这是美国報纸吗？

8. Diànhuà zài náli?

电话在哪里？

9. Tiānjīn dà bu dà?

天津大不大？

10. Shànghǎi hěn dà.

上海很大。

25 DÌÈRSHÍWǓ KÈ — NÈIRÓNG

Nǐ shì nóngmín ma?

- Shì, wǒ shì nóngmín.
- Wǒ zhù zai xiāngxia.

Zhōngguó de rénkǒu duō ma?

- Duō, Zhōngguó de rénkǒu hěn duō.
  Dàbùfen shì nóngmín.
  Yíbùfen shì gōngrén.

Gōngyè zhòng bu zhòngyào.

- Gōngyè hěn zhòngyào.
  Nóngyè yé hěn zhòngyào.

Zhè shì shuǐdào háishi xiǎomài?

- Zhè shì xiǎomài.

Miànfěn shì bái de ma?
Dàmǐ
Mǐfàn
Miànbāo

Xuésheng zài zuò shénme?

- Tāmen zài kāihuì.

Zhè shì qìchē háishi tuōlājī?

- Zhè shì tuōlājī.

Rìběn shì yí ge gōngyèhuà de guójiā ma?

- Shì, Rìběn shì yí ge gōngyèhuà de guójiā.

Shéi gāngcái jìnlai le?

- Wáng xiānsheng gāngcái jìnlai le.

Lǎoshī cóngqián zhù zai nǎr?

- Tā cóngqián zhù zai Běijīng.

Nǐ cóngqián huì shuō Zhōngwén ma?

- Wǒ cóngqián búhuì.
- Wǒ xiànzai huì le.

Yóujú kuàiyào guānmén le ma?

- Yóujú kuàiyào guānmén le, kuài yi diǎr!

Mìshū zài diànbàojú dǎ diànbào.

Wǒ kéyi jiè nǐ de bǐ ma?

- Kéyi.

Wǒ wàngji zěnme xiě "zhuōzi" le!
Nǐ jìde ma?

- Wó yě bú jìde le.

Rìběn qìchē fēicháng hǎo.

Tā de Zhōngwén hǎobuhǎo?

- Tā de Zhōngwén yuèláiyuè hǎo le.

Zhōngguó shì yí ge hěn dà de guójiā, rénkǒu fēicháng duō. Dàbùfen de rénkǒu shì nóngmín, tāmen zhù zai xiāngxia. Zài Zhōngguó, nóngyè hěn zhòngyào.

Zhōngguó yǒu hěn duō dà chéngshì. Zhōngguó de shǒudū shì Běijīng. Běijīng yǒu hěn duō dàxué, gōngyuán, dàshíguǎn, yé yǒu gōngchǎng. Shànghǎi shì Zhōngguó zuì dà de chéngshì. Rénkǒu bǐ Dōngjīng, Lúndūn, Niǔyuē dōu duō. Shànghǎi de fùjìn yǒu hěn duō gōngchǎng. Shànghǎi kéyi shuō shì yí ge gōngyèhuà de chéngshì.

Dànshi Zhōngguó hái bú shì gōngyèhuà de guójiā. Zhōngguó hái yǒu hěn duō dìfang xūyào tuōlājī, qìchē, hé diànbàojī. Zhèi xiē dōngxi, dàbùfen xūyào jìnkǒu, yíbùfen Zhōngguórén zìjǐ zhìzào. Cóngqián Zhōngguó shénme gōngyè dōu méi yǒu. Dànshi xiànzài yuèláiyuè duō le.

Liànxí 97

1. Zhōngguó de rénkǒu fēicháng duō ma?

2. Dàbùfen de rénkǒu shì nóngmín ma?

3. Tāmen zhù zai nǎr?

4. Zhōngguó de shǒudū shì něi ge chéngshì?

5. Běijīng yǒu shénme?

6. Něi yí ge chéngshì shì Zhōngguó zuì dà de chéngshì?

7. Shànghǎi de fùjìn yǒu shénme?

8. Shànghǎi shì yí ge gōngyèhuà de chéngshì ma?

9. Zhōngguó shì yí ge gōngyèhuà de guójiā ma?

10. Zhōngguó hái yóu hěn duō dìfang xūyào shénme?

11. Zhōngguó cóngqián méi yǒu shénme?

12. Xiànzài ne?

Liànxí 98

LE

A.

Lìzi: Wǒ cóngqián búhuì shuō Zhōngwén.

Wǒ xiànzài huì shuō le.

1. Wǒ cóngqián bù xǐhuan chī yú.

____

2. Wǒ cóngqián búhuì xiě Zhōngguó zì.

____

3. Mìshū gāngcái zài bàngōngshì li.

____

B.

Lìzi: Zhōngguó/rénkǒu

Zhōngguó de rénkǒu yuèláiyuè duō le.

1. tiānqi/rè

____

2. dōngxi/guì

____

3. xué wàiguo yǔyán/zhòngyào

____

Liànxí 99

GĀNGCÁI / KUÀIYÀO

Lìzi: Shéi jìnlai le?

Mìshū <u>gāngcái</u> jìnlai le.

Yǐjīng xià yǔ le ma?

Méi yǒu. Dàgài <u>kuàiyào</u> xià yǔ le.

1. Shéi kū le? Xiǎohuá _______ kū le.

2. Gōnggòngqìchē lái le ma? Méi yǒu, dànshi wó xiǎng _______ lái le.

3. Qǐng bú yào zǒu. Wǒmen _______ chīfàn le. Nǐ gēn wǒmen yìqǐ chī, hǎo bu hǎo?

4. Wǒ bú è. Wǒ _______ chīguo fàn.

5. Wǒ _______ géi ní dǎ le diànhuà, dànshi nǐ bú zài.

6. Dàmǐ wǒ _______ mǎi le. Miànfěn hái méi mǎi. Wǒ _______ qù mǎi le.

7. Yóujú _______ guānmén le, kuài yi diǎr.

8. Nóngmín _______ kāi le huì. Xiànzài yǐjīng huíjiā le.

HÀNZÌ LIÀNXÍ

1. Jīnnián shì něi yì nián?

   今年是哪一年？

2. Míngtiān shì xīngqījǐ?

   明天是星期几？

3. Xià ge yuè shì sān yuè ma?

   下个月是三月吗？

4. Xiànzài jí diǎn zhōng?

   现在几点钟？

5. Zuótiān shì xīngqīwǔ ma?

   昨天是星期五吗？

6. 105

   一百零五。

7. 1,315

   一千三百一十五。

8. 12,356

   一万两千三百五十六。

9. 1,529,567

   一百五十二万九千五百六十七。

10. 456,723 四十五万六千七百二十三。

FÙXÍ
DÌWǓKÈ

CHÉN XIĀNSHENG YÀO DÀO ZHŌNGGUÓ QU

Zhè shì Chén xiānsheng hé tā de Zhōngwén lǎoshī. Chén xiānsheng zài Berlitz xuéxiào xué Zhōngwén, xué le hén jiǔ le. Tā Zhōngwén shuō de hén hǎo.

Chén xiānsheng shì Déguórén. Tā xià ge yuè yào dào Zhōngguó qu, zài Zhōngguó de Déguó dàshíguǎn zuò shì. Tā dào le Zhōngguó yǐhòu, yào xuéxí Zhōngguó de nóngyè. Tā dàgài yě yào bāng Déguó de gōngchǎng bǎ dōngxi chūkǒu dào Zhōngguó qu. Hái yǒu, rúguǒ Zhōngguó de gōngchǎng xūyào wàiguo qián, tā yé kěnéng huì gěi Déguó de yínháng dǎ diànbào, bāng Zhōngguórén bǎ Rénmínbì huànchéng Mǎkè, Měiyuán, hé Rìyuán.

Liànxí 100

1. Chén xiānsheng shì lǎoshī háishi xuésheng?

2. Tā zài nǎr xué Zhōngwén?

3. Tā xué le hěn jiǔ le ma?

4. Tā shì něi guó rén?

5. Tā wèishénme xué Zhōngwén?

6. Déguó de dàshǐguǎn zài Zhōngguó de něi yí ge chéngshì?

7. Tā zài Zhōngguó de shíhou yào xué shénme?

8. Tā yào bāng Déguó de gōngchǎng zuò shénme?

9. Rúguǒ Zhōngguó de gōngchǎng xūyào wàiguo qián, tā jiù huì zuò shénme?

10. Mǎkè shì Déguó qián ma?

Liànxí 101

Lìzi: ziji --- zìjǐ

Wo shi xuesheng. --- Wǒ shì xuésheng.

1. Nongmin zhu zai xiangxia.
2. Ni gui xing?
3. Li xiaojie zai gongchang li zuo gong.
4. Ni de dianhuahaoma shi duoshao hao?
5. Yingguo shi yi ge gongyehua de guojia.
6. Wo mei you qian, bu neng mai dongxi.
7. Ni hui bu hui huilai?
8. Bangqiu bi lanqiu hao.
9. Wo xianzai xie Zhongwen xie de hen hao le.
10. Li xiaojie hen hao.

Liànxí 102

Lìzi: Wèishénme... yīnwei

1. Chúle...
2. Yīnwei...
3. Rúguǒ...
4. Cóng...
5. suóyǒude...
6. bǎ...
7. Yǐjīng...
8. Gěi...
9. gēn...

a. le
b. tánhuà
c. yīnwei
d. jiù
e. yǐwài
f. suóyi
g. dōu
h. jièshao
i. dào
j. náqǐlai

JIĚDÁ — XUÉSHENG DÚBĚN

Liànxí 1 — 2. Zhè shì yǐzi. 3. Zhè shì zhǐ. 4. Zhè shì shū. 5. Zhè shì dìbǎn. 6. Zhè shì zhuōzi.

Liànxí 2 — 1. Shì, zhè shì zhuōzi. 2. Bú shì, zhè bú shì yǐzi. 3. Zhè shì yǐzi. 4. Zhè shì shū. 5. Bú shì, zhè bú shì zhǐ. 6. Zhè shì zhǐ.

Liànxí 3 — 2. Zhè shì yì zhāng dìtú. Zhèi zhāng dìtú yǒu lán sè hé hóng sè. 3. Zhè shì yì bá yǐzi. Zhèi bá yǐzi shì hēi de. 4. Zhè shì yì zhāng zhuōzi. Zhèi zhāng zhuōzi shì huáng de. 5. Zhè shì yì zhī yuánzhūbǐ. Zhèi zhī yuánzhūbǐ shì lán de.

Liànxí 4 — 1. Shì, zhèi běn shū shì hóng de. 2. Bú shì, zhèi zhāng zhǐ bú shì hóng de. 3. Zhèi zhāng zhǐ shì lán de. 4. Zhèi běn zázhì yǒu hēi sè hé bái sè. 5. Bú shì, zhèi zhī yuánzhūbǐ bú shì lǜ de. 6. Zhèi zhī yuánzhūbǐ shì huáng de. 7. Zhèi zhāng zhuōzi shì lǜ de. 8. Zhèi bá yǐzi shì hēi de.

Liànxí 5 — 1. Shì, zhèi liè huǒche hěn cháng. 2. Zhèi bǎ yàoshi bù cháng. 3. Zhèi bǎ yàoshi hěn duǎn. 4. Zhèi zhī xiāngyān yé hěn duǎn. 5. Zhèi bá chǐ hěn cháng. 6. Zhèi liàng xiǎo qìchē bú shì hēi de. 7. Zhèi liàng xiǎo qìchē shì bái de. 8. Zhèi liàng dà qìchē shì hēi de.

Liànxí 6 — 1. Zhèi bá yǐzi hén xiǎo. Zhèi bá xiáo yǐzi shì lán de. 2. Zhèi zhī qiānbǐ hěn cháng. Zhèi zhī cháng qiānbǐ shì hóng de. 3. Zhèi liàng gōnggòngqìchē hěn dà. Zhèi liàng dà gōnggòngqìchē shì hēi de. 4. Zhèi liè huǒchē hěn cháng. Zhèi liè cháng huǒchē shì lǜ de.

5. Zhèi zhī qiānbǐ hén duǎn. Zhèi zhī duǎn qiānbǐ shì huáng de. 6. Zhèi běn zázhì hén xiǎo. Zhèi bén xiǎo zázhì yǒu hēi sè hé bái sè.

Liànxí 7

1. Zhèi sāo chuán hěn dà, dànshi bú shì hóng de. 2. Zhèi gēn huǒchái hén duǎn, dànshi bú shì lán de. 3. Zhèi bǎ yàoshi hén duǎn, dànshi bú shì bái de. 4. Zhèi bá chí hěn cháng, dànshi bú shì lǜ de. 5. Zhèi jià fēijī hén xiǎo, dànshi bú shì hēi de. 6. Zhèi sāo chuán hén xiǎo, dànshi bú shì hēi de. 7. Zhèi zhāng dìtú hěn dà, dànshi bú shì huáng de. 8. Zhèi liè huǒchē hěn cháng, dànshi bú shì hóng de.

Liànxí 8

1. Zhèi běn shū bǐ nèi gēn huǒchái dà.
2. Zhèi běn zázhì bǐ nèi zhāng dìtú xiǎo.
3. Zhèi liè huǒchē bǐ nèi liàng gōnggòngqìchē cháng. 4. Zhèi bǎ yàoshi bǐ nèi bá chí duǎn.
5. Zhèi bá yǐzi bǐ nèi zhāng zhuōzi xiǎo. 6. Zhèi zhī qiānbí bǐ nèi zhī xiāngyān cháng. 7. Zhèi zhī qiānbí bǐ nèi tiáo lǐngdài duǎn.
8. Zhèi jià hēi de fēijī bǐ nèi jià bái de fēijī dà. 9. Zhèi liàng zìxíngchē bǐ nèi liàng qìchē xiǎo. 10. Zhèi tiáo hóng de lǐngdài bǐ nèi tiáo lán de lǐngdài cháng.

Liànxí 9

Shì, Zhōngguó shì yí ge dà guó. 2. Bālí zài Fàguó. 3. Bólín zài Déguó. 4. Bólín shì yí ge dà chéngshì. 5. Niǔyuē zài Měiguó. 6. Dōngjīng zài Rìběn. 7. Bú shì, Hángzhōu bú shì yí ge dà chéngshì. 8. Hángzhōu shì yí ge xiǎo chéngshì. 9. Bù, Mòsīkē bú zài Zhōngguó. 10. Mòsīkē zài Èguó. (Mòsīkē zài Sūlián.)

Liànxí 10

1. Shì yí ge Fáguó chéngshì. 2. Shì Rìběn qìchē. 3. Shì Yīngguó bàozhǐ. 4. Shì Měiguó zázhì. 5. Shì Měiguó fēijī.

6. Shì yí ge Zhōngguó chéngshì. 7. Shì Sūlián bàozhǐ. 8. Shì Déguó qìchē.

Liànxí 11 1. Zài, shū zài zhuōzi shàngmian. 2. Bú zài, shū bú zài xiǎo zhuōzi shàngmian. 3. Shū zài dà zhuōzi shàngmian. 4. Dēng zài xiǎo zhuōzi shàngmian. 5. Qiānbǐ zài shū lǐmian. 6. Zhuōzi zài shū xiàmian. 7. Huà zài qiáng shàngmian. 8. Zázhì zài yǐzi shàngmian. 9. Bù, zhǐ bú zài yǐzi shàngmian. 10. Zhǐ zài dìbǎn shàngmian, zhuōzi xiàmian.

Liànxí 12 1. Shì, tā shì Fǎguórén. 2. Tā yě shì Fǎguórén. 3. Bú shì, tā bú shì cóng Sūlián lái de. 4. Tā shì cóng Yìdàlì lái de. 5. Tā shì cóng Déguó lái de. 6. Tā yě shì cóng Déguó lái de. 7. Tā shì Rìběnrén. 8. Tā shì Xībānyárén. 9. Tā shì cóng Měiguó lái de. 10. Tā shì cóng Sūlián lái de.

Liànxí 13 1. Wáng xiānsheng shì něi guó rén? 2. Tā shì cóng náli lái de? 3. Běijīng shì shénme? 4. Haneda xiānsheng shì cóng náli lái de? 5. Shànghǎi shì yí ge shénme yàngzi de chéngshì? 6. Běijīng zài náli? 7. Dōngjīng shì něi guó de chéngshì? 8. Haneda xiānsheng shì něi guó rén?

Liànxí 14 1. Shì, tā shì yí ge nánrén. 2. Bú shì, tā bú shì Rìběnrén. 3. Tā shì Zhōngguórén. 4. Bú shì, tā bú shì cóng Běijīng lái de. 5. Tā shì cóng yí ge Zhōngguó xiǎo chéng lái de. 6. Bú shì, tā bú shì nánrén. 7. Tā shì nǚrén. 8. Shì, Chén Dàhuá shì nánháizi. 9. Chén Xiǎomíng shì nǚháizi. 10. Chén Dàhuá shì nánháizi.

Liànxí 15 — 1. Bù, tā bú shì Zhōngguórén. 2. Tā shì Měiguórén. 3. Tā shì cóng Niǔyuē lái de. 4. Shì, Niǔyuē shì yí ge dà chéngshì. 5. Bù, Shànghǎi bú shì yí ge Měiguó de chéngshì. 6. Shànghǎi shì Zhōngguó de chéngshì. 7. Shì, Shànghǎi yě shì yí ge dà chéngshì. 8. Shànghǎi bǐ Niǔyuē dà. 9. Bù, tā bú shì cóng Běijīng lái de. 10. Tā shì cóng Shànghǎi lái de.

Liànxí 16 — 1. d 2. f 3. j 4. f 5. e 6. e (f) 7. k 8. k 9. k 10. g 11. i 12. m 13. j 14. j 15. h 16. l 17. l 18. l 19. f 20. b 21. c 22. n 23. n 24. n 25. n

Liànxí 17 — 1. h 2. e 3. f 4. g 5. a 6. c 7. j 8. d 9. i

Liànxí 18 — 1. Bù, nèi ge Fǎguórén bú xìng Lǐ. 2. Nèi ge Zhōngguórén xìng Lǐ. 3. Nèi ge Fǎguó xiǎojie xìng Duval. 4. Duval xiǎojie de míngzi jiào "Marie." 5. Nèi ge Měiguórén de míngzi jiào "John." 6. Nèi ge Měiguórén xìng "Morgan." 7. Shì, "John" shì Morgan xiānsheng de míngzi. 8. Bù, Lǐ Dàhuá bú xìng Dàhuá. 9. Tā xìng Lǐ. 10. Tā de míngzi jiào (Lǐ) Dàhuá.

Liànxí 19 — 1. Xiézi bú zài yǐzi xiàmian. 2. Wǒ érzi méi you hóng jiākè. 3. Wǒ de àirén bú shì Zhōngguórén. 4. Wǒ méi yǒu Zhōngguó dìtú. 5. Wáng xiānsheng bú zài Běijīng. 6. Mèimei méi yǒu Fǎguó liányīqún. 7. Wǒ de qìchē bú shì Déguó qìchē. 8. Lǐ tàitai de nǚér bú zài Xībānyá. 9. Tā fùqin bú shì Èguórén.

Liànxí 20 — 1. Yǒu, Lǐ xiānsheng yǒu àirén. 2. Tā àirén de míngzi jiào Wénbì. 3. Tā de zhōngshānzhuāng shì hēi de. 4. Tā méi yǒu lǐngdài. 5. Tā de yòu shǒu li yǒu yì dǐng màozi. 6. Tā de zuǒ shǒu zài tā de kǒudài li. 7. Méi yǒu, Lǐ tàitai méi yǒu zhōngshānzhuāng. 8. Yǒu, tā yǒu xiézi. 9. Shì, tā de chènshān shì bái de. 10. Lǐ xiānsheng, Lǐ tàitai méi yǒu érzi. 11. Méiměi shì Lǐ xiānsheng, Lǐ tàitai de nǚér. 12. Lǐ Dàhuá shì Méiměi de fùqin.

Liànxí 21 1. Lǐ xiānsheng de zhuōzi shang yǒu màozi. 2. Tā de yǐzi xia yǒu lǜ jiákè. 3. Wǒ de shǒu li yóu xiǎo píjiázi. 4. Qiáng shang yǒu Měiguó dìtú. 5. Dà lán zhuōzi shang yǒu hēi zhōngshānzhuāng. 6. Nǐ de yòu shǒu li yóu wǒ de zázhì. 7. Wǒ de chènshān kǒudài li yóu nǐ de duǎn yàoshi. 8. Chuán shang yǒu Zhāng tàitai. 9. Zhuōzi xia yǒu huǒchái hé xiāngyān. 10. Déguó cháng huǒchē lǐmian yǒu Rìběn xiǎo qìchē. 11. Dìbǎn shang yǒu Chén xiānsheng de érzi de zìxíngchē. 12. Zhǐ shang yóu chǐ.

Liànxí 22 1. Èrshíjiǔ jiǎn èrshíèr děngyú qī. 2. Jiǔ jiā èr děngyú shíyī. 3. Yī chéng yī děngyú yī. 4. Èrshíbā jiǎn sān děngyú èrshíwǔ. 5. Èr chéng liù děngyú shíèr. 6. Shíqī jiā liù děngyú èrshísān. 7. Shíjiǔ jiǎn shísì děngyú wǔ. 8. Wǔ chéng sì děngyú èrshí. 9. Èrshíyī jiā sì děngyú èrshíwǔ. 10. Bā jiā shí děngyú shíbā. 11. Èr chéng shíwǔ děngyú sānshí. 12. Èrshíbā jiǎn qī děngyú èrshíyī.

Liànxí 23 1. Bù, tāmen bú zài fànguǎn lǐmian. 2. Tāmen zài bàngōngshì li. 3. Shì, tā shì bàngōngshì de zhǔguǎn. 4. Shì, tā zhàn zai zhuōzi qiánmian. 5. Tā zhàn zai tā mìshū de zhuōzi qiánmian (Janet de zhuōzi qiánmian). / Bù, tā bú zhàn zai tā de zhuōzi qiánmian. 6. Tā zhàn zai Janet (tā de mìshū) de zhuōzi qiánmian. 7. Janet (Mìshū) zuò zai zhuōzi hòumian. 8. Janet de diànhuà zài tā de qiánmian. 9. Yānhuīgāng zài tā de pángbiān. 10. Morgan xiānsheng de zuǒ shǒu lǐmian yǒu zhǐ. 11. Bù, bàozhǐ bú zài tā de qiánmian. 12. Bàozhǐ zài mén xiàmian.

Liànxí 24 — 1. qiánmian 2. hòumian 3. zhōngjiān 4. qiánmian 5. hòumian 6. qiánmian 7. hòumian 8. zhōngjiān 9. pángbiān 10. qiánmian

Liànxí 25 — 1. qīshíliù 2. sānshíbā 3. wǔshíqī 4. jiǔshísì 5. wǔshíjiǔ 6. sìshísì 7. bāshíwǔ 8. sānshísān 9. liùshíqī 10. wǔshíyī 11. sìshíbā 12. bāshíyī 13. yìbǎi 14. sānshíjiǔ 15. jiǔshíèr 16. qīshísān 17. sānshíwǔ 18. wǔshíwǔ 19. sìshíèr 20. bāshíbā 21. sānshíyī 22. wǔshíjiǔ

Liànxí 26 — 1. xiàmian 2. yòubian 3. hēi de 4. yòu shǒu 5. hòumian 6. hěn cháng 7. qiánmian

Liànxí 27 — 1. Méi yǒu, nèi ge nánrén de qiánmian méi yǒu wǔshí zhī xuějiā. 2. Tā de qiánmian yǒu wǔ zhī xuějiā. 3. Shì, Zhōngguó xuějiā bǐ Měiguó xuějiā piányi. 4. Nèi ge nǚrén yǒu Měiguó, Yīngguó hé Zhōngguó de bàozhǐ. 5. Tā de shǒu li yǒu Yīngguó bàozhǐ. 6. Yīngguó bàozhǐ zài tā de yòu shǒu li. 7. Yì zhī xuějiā yí kuài Rénmínbì. 8. Wǔ zhī xuějiā wǔ kuài Rénmínbì. 9. Yì zhī xuějiā bǐ yí fèn bàozhǐ guì. 10. Wǔ zhī xuějiā hé yí fèn bàozhǐ yígòng wǔ kuài wǔ máo Rénmínbì.

Liànxí 28 — 1. liǎng zhī qiānbǐ 2. èrshí zhāng zhǐ 3. liǎng máo Rénmínbì 4. liǎng fēn Rénmínbì 5. liǎng kuài Rénmínbì 6. shíèr bǎ yǐzi 7. èrshièr běn shū 8. liǎng fèn bàozhǐ 9. liǎng zhāng zhuōzi 10. shíèr zhī bǐ

Liànxí 29 — 1. liǎng zhī qiānbǐ 2. yì zhāng zhǐ 3. sān zhāng zhǐ 4. sì běn shū

5. liáng běn shū 6. sì zhī xuějiā 7. wǔ zhī xiāngyān 8. sì zhī qiānbǐ

Liànxí 30

1. liángbǎi líng yī 2. sānbǎi èrshibā
3. qībǎi wǔshíliù 4. liángbǎi sānshísān
5. wǔbǎi liùshí qī 6. liùbǎi bāshíèr
7. yìbǎi sìshíbā 8. sìbǎi líng sān
9. yìbǎi èrshíwǔ 10. bābǎi liùshíbā
11. liángbǎi sìshísān 12. jiǔbǎi jiǔshíjiǔ
13. liùbǎi bāshíqī

Liànxí 31

1. Nèi jiàn jiàke yìbǎi qīshiwǔ kuài Rénmínbì. 2. Bù, nèi jiàn chènshān bù bǐ nèi tiáo qúnzi guì. 3. Nèi tiáo qúnzi èrshísì kuài Rénmínbì. 4. Nèi jiàn chènshān èrshí kuài Rénmínbì. 5. Bù, nèi shuāng nánrén de xiézi bù bǐ nèi shuāng nǚrén de xiézi guì. 6. Shì, nèi díng nǚrén de màozi bǐ nèi dǐng nánrén de màozi guì. 7. Shì, nèi tiáo hēi kùzi bǐ nèi tiáo huī kùzi guì. 8. Nèi tiáo hēi kùzi sānshíwǔ kuài Rénmínbì.

Liànxí 32

1. bá kuài Rénmínbì 2. shí kuài qī máo wǔ Rénmínbì 3. wǔ máo sān fēn Rénmínbì
4. yìbǎi èrshísān kuài sì máo wǔ fēn Rénmínbì
5. liùbǎiqīshíbá kuài jiǔ máo Rénmínbì
6. yìbǎi líng sān kuài qī fēn Rénmínbì
7. yì fēn Rénmínbì 8. liù máo Rénmínbì
9. sān kuài sì máo bā fēn Rénmínbì 10. jiǔbǎi jiǔshíjiǔ kuài jiǔ máo jiǔ fēn Rénmínbì
11. shísì kuài yì máo sì fēn Rénmínbì 12. qībǎiwǔshíbá kuài Rénmínbì 13. liùshibá kuài bā máo liù fēn Rénmínbì 14. jiǔbǎiqīshièr kuài bā máo sān fēn Rénmínbì
15. yìqiān kuài Rénmínbì

Liànxí 33

1. Shì, zhè shì yì jiān bàngōngshì. 2. Bú shì, tāmen bù dōu shì Zhōngguórén. 3. Shì, yǒu yì xiē shì Rìběnrén. 4. Yǒu wǔ ge Rìběnrén. 5. Yǒu wǔ ge Zhōngguórén. 6. Yí

ge nǚrén dōu méi yǒu. 7. Shì, zài zhèi jiān bàngōngshì li, Zhōngguórén gēn Rìběnrén yíyàng duō. 8. Tāmen zuò zai zuǒbian. 9. Zhōngguórén hé Rìběnrén de zhōngjiān yǒu yì zhāng zhuōzi. 10. Yǒu, zhèi jiān bàngōngshì li yǒu dǎzìjī.

Liànxí 34 1. yíyàng 2. Wǒ/nǐ 3. xiē 4. suóyǒu de 5. zhāng 6. dōu 7. hěn 8. bù dōu 9. dōu

Liànxí 35 1. e 2. a 3. h 4. f 5. i 6. b 7. j 8. g 9. l 10. c 11. k 12. d

Liànxí 36 1. yíwàn 2. shíwàn 3. yìbǎi wàn 4. yíwàn sānqiān 5. shísānwàn 6. èrshíqíwàn 7. qīshíbáwàn sìqiān 8. jiǔshíèrwàn wǔqiān liùbǎi. 9. sìshí wàn sānqiān líng bāshí. 10. jiǔshíbáwàn liùqiān wúbǎi 11. shíèrwàn sānqiān bābǎi jiǔshí 12. qīshíjiǔwàn bāqiān sìbǎi èrshíyī 13. liùshíwàn wǔqiān liángbǎi bāshíqī 14. èrshíèrwàn liǎngqiān liángbǎi èrshíèr 15. èrshíqíwàn bāqiān liángbǎi liùshísì

Liànxí 37 1. pǎo zhe 2. fàng jìn 3. zhèr lai 4. ná qǐ lai 5. qu 6. jìn

Liànxí 38 1. dào 2. yi 3. qǐ, (chū) 4. cóng 5. dào/lái 6. bǎ/dào/nàr 7. bǎ/dào/zhèr

Liànxí 39 1. Nánrén de kùzi sānshí kuài Rénmínbì yì tiáo. 2. Yǒu, hēi kùzi, huī kùzi dōu yǒu. 3. Shì, tā ná chū lai de nèi tiáo kùzi hěn cháng. 4. Shì, tāmen nàr de huī kùzi dōu hěn cháng. 5. Yǒu, yǒu xiézi. 6. Xiézi zài nèi zhāng zhuōzi de shàngmian. 7. Tā ná qǐ lai de nèi shuāng xiézi wǔshí kuài Rénmínbì. 8. Hēi xiézi sānshí kuài Rénmínbì yì shuāng. 9. Bái xiézi shíwǔ kuài Rénmínbì yì shuāng.

Liànxí 40 1. dài zhe 2. yíyàng 3. lái 4. duōshao 5. guì bu guì 6. nǐ de 7. fàng 8. dōu 9. xìng 10. yǒu

Liànxí 41 1. f 2. c 3. j 4. b 5. k 6. g 7. d 8. i 9. h 10. e

Liànxí 42 1. Xiànzài shì shàngwǔ liù diǎn bàn. 2. Tāmen zài chīfàn. 3. Tā chī zǎofàn yǐhòu shàng bān. 4. Tā chī zǎofàn yǐhòu shàng kè. 5. Tā shíèr diǎn bàn xià kè. 6. Tā xià kè yǐhòu huí jiā chī wǔfàn. 7. Tā liù diǎn zhōng xià bān. 8. Tā huí jiā yǐhòu chī wǎnfàn. 9. Tā shuìjiào yǐqián shuāyá, xízǎo. 10. Tāmen liù diǎn zhōng qǐ chuáng.

Liànxí 43 1. wǔ diǎn bàn 2. sān diǎn èrshí fēn 3. jiú diǎn shí fēn 4. qī diǎn yí kè 5. liǎng diǎn èrshíwǔ fēn 6. shíèr diǎn zhōng 7. sì diǎn wǔshí fēn

Liànxí 44 1. a 2. f 3. b 4. g 5. h 6. i 7. e 8. c 9. d

Liànxí 45 1. Jīntiān hěn rè. 2. Zài Běijīng, cóng liù yuè dào bá yuè hěn rè. 3. Yí yuè hěn lěng. 4. Yí yuè xià xuě. 5. Qí yuè, bá yuè xià hěn duō yǔ. 6. Zhèi ge yuè shì bá yuè. 7. Xiànzài shì qíngtiān. 8. Jīntiān zǎoshang xià yǔ le. 9. Shì, tā jīntiān zǎoshang liù diǎn bàn hái zài shuìjiào.

Liànxí 46 1. Jīnnián shì yījiǔsìlíng nián. Qùnián shì yījiǔsānjiǔ nián. Míngnián shì yījiǔsìyī nián. 2. Jīnnián shì yījiǔbāèr nián. Qùnián shì yījiǔbāyī nián. Míngnián shì yījiǔbāsān nián. 3. Jīnnián shì yījiǔlínglíng nián. Qùnián shì yībājiújiǔ nián. Míngnián shì yījiǔlíngyī nián. 4. Jīnnián shì yījiǔqījiǔ nián. Qùnián shì yījiǔqībā nián. Míngnián shì yījiǔbālíng nián. 5. Jīnnián shì yījiǔliùwǔ nián. Qùnián shì yījiǔliùsì nián. Míngnián shì yījiǔliùliù nián.

Liànxí 47

1. Jīntiān shì shíyī yuè wǔ hào. Zuótiān shì shíyī yuè sì hào. Míngtiān shì shíyī yuè liù hào. 2. Jīntiān shì sì yuè yí hào. Zuótiān shì sān yuè sānshíyī hào. Míngtiān shì sì yuè èr hào. 3. Jīntiān shì bá yuè sānshíyī hào. Zuótiān shì bá yuè sānshí hào. Míngtiān shì jiǔ yuè yí hào. 4. Jīntiān shì jiǔ yuè shíwǔ hào. Zuótiān shì jiǔ yuè shísì hào. Míngtiān shì jiǔ yuè shíliù hào. 5. Jīntiān shì yí yuè yí hào. Zuótiān shì shíèr yuè sānshiyī hào. Míngtiān shì yí yuè èr hào.

Liànxí 48

1. Zuótiān shì xīngqīyī. Míngtiān shì xīngqīsān. 2. Zuótiān shì xīngqītiān. Míngtiān shì xīngqīèr. 3. Zuótiān shì xīngqīliù. Míngtiān shì xīngqīyī. 4. Zuótiān shì xīngqīsān. Míngtiān shì xīngqīwǔ. 5. Zuótiān shì xīngqīwǔ. Míngtiān shì xīngqītiān.

Liànxí 49

1. Wó yǐjīng qǐchuáng le. 2. Wó yǐjīng chī wǔfàn le. 3. Zhǔguǎn hái méi yǒu xià bān. 4. Nǐ hái méi yǒu shuā yá. 5. Wǒ hái méi yǒu shàng kè. 6. Lǐ xiānsheng yǐjīng dào Běijīng qu le. 7. Wǒ hái méi yǒu dào Zhōngguó qù. 8. Yǐjīng xià xué le. 9. Hái méi yǒu xià xué. 10. Fúwùyuán yǐjīng líkai fànguǎn le.

Liànxí 50

1. Tā zài kàn diànshì. 2. Shì, tā míngtiān shàngwǔ dào xuéxiào qu. 3. Tā bù zhīdao tā de shū zài nǎr. 4. Tā mǔqin shuō tā de shū zài tā de zhuōzi shang. 5. Tā méi yǒu yuánzhūbǐ. 6. Tā kànshū de shíhou xiězì. 7. Méi yǒu. 8. Zài zhuōzi de chōuti li yǒu qiānbǐ.

Liànxí 51 3. Zhè shì zuǐba. 4. Zhè shì yǎnjing. 5. Zhè shì shǒu. 6. Zhè shì jiákè. 7. Zhè shì chènshān. 8. Zhè shì kùzi. 9. Zhè shì jiǎo. 10. Zhè shì shū.

Liànxí 52 1. Rìběn rén chīfàn de shíhou yòng kuàizi. 2. Xuésheng xiězì de shíhou yòng yuánzhūbǐ. 3. Wǒ àirén xízǎo de shíhou tīng shōuyīnjī. 4. Lǎoshī shuōhuà de shíhou xuésheng bù shuōhuà. 5. Wǒ shuìjiào de shíhou tīngbudào diànshì de shēngyin. 6. Fúwùyuán lái de shíhou kèren yǐjīng zǒu le.

Liànxí 53 1. Shì, tā kàn dao le yí ge nánrén. 2. Nánrén zài shǔ qián. 3. Tā bǎ qián fàng zai tā qiánmian de zhuōzi shang le. 4. Yǒu yí ge nǚrén zǒu jìn lai le. 5. Nǚrén de shǒu li yǒu yí ge hézi. 6. Tā bǎ hézi ná dao nánrén nàr qu le. 7. Tā bǎ hézi fàng zai dìbǎn shang le. 8. Tā bǎ qián fàng jìn dìbǎn shang de hézi li le. 9. Tā zǒu dao mén nàr qu le. 10. Nèi ge nǚrén zǒu chū lai le.

Liànxí 54 1. Tā gěi fēijīchǎng de fúwùyuán dǎ diànhuà. 2. Tā xià ge xīngqīsān dào Běijīng qu. 3. Tā zuò fēijī qu. 4. Fēijī shí diǎn zhōng qǐfēi. 5. Méi yǒu, cóng huǒchēzhàn dào fēijīchǎng qu méi yǒu gōnggòngqìchē. 6. Chén xiānsheng zuò chūzūqìchē dào fēijīchǎng qu. 7. Tā jiǔ diǎn zhōng yǐqián dào fēijīchǎng qu. 8. Shì, tā shàng fēijī yǐqián bǎ xíngli ná dao fúwùyuán nàr qu. 9. Tā jiǔ diǎn bàn shàng fēijī. 10. Fēijī xiàwǔ sān diǎn zhōng dào Běijīng.

Liànxí 55 1. Chén xiānsheng zài Běijīng de yí ge fàndiàn. 2. Shì, tā yǐjīng dìng fángjiān le. 3. Tā de xíngli zài tā de pángbiān. 4. Tā yǒu sān jiàn xíngli. 5. Fàndiàn de pángbiān yǒu huǒchēzhàn. 6. Qiánmian yǒu gōnggòngqìchēzhàn. 7. Yǒu, huǒchēzhàn lǐmian yǒu fànguǎn. 8. Chén xiānsheng de jiā zhù zai Shànghǎi. 9. Tā míngtiān zuò huǒchē dào Shànghǎi qu. 10. Tā jīntiān wǎnshang zhù zai fàndiàn li. 11. Tā míngtiān shàngwǔ zǒu dao huǒchēzhàn qu. 12. Tā zài Běijīng de huǒchēzhàn shàng huǒchē.

Liànxí 56 1. Lǎoshī cóng tā de jiā zuò qìchē dào xuéxiào qu. 2. Wǒ cóng bàngōngshì zuò chūzūqìchē dào fàndiàn qu. 3. Lǐ xiáojie cóng Měiguó zuò fēijī dào Rìběn qu. 4. Zhúguǎn cóng Rìběn zuò chuán dào Zhōngguó qu. 5. Wǒ cóng xuéxiào zuò gōnggòngqìchē dào nǐ jiā qu. 6. Nǐ de érzi míngtiān cóng Fǎguó zuò huǒchē dào Déguó qu. 7. Zhāng tàitai měitiān cóng fàndiàn zuò qìchē dào bàngōngshì qu. 8. Shéi cóng huǒchēzhàn zuò gōnggòngqìchē dào xuéxiào qu?

Liànxí 57 1. e 2. d 3. c 4. f 5. a 6. h 7. g 8. a 9. c 10. e

Liànxí 58 1. Zhōngguorén yòng kuàizi chīfàn. 2. Tāmen chīfàn de shíhou hē chá. 3. Hē chá de shíhou tāmen bú fàng táng. 4. Tāmen bù jiā niúnǎi. 5. Zhūròu, yángròu, niúròu dōu chī. 6. Shì, tāmen xǐhuan chī shūcài. 7. Shì, měi ge dà chéng shì dōu yǒu Zhōngguó fànguǎn. 8. Chī Zhōngguó cài de shíhou, yào bǎ cài fàng zai zhuōzi de zhōngjiān. 9. Bù, bú yào fàng zai wǒ de qiánmian. 10. Yīnwei suóyǒu de kèren dōu chī de dào měi ge cài.

Liànxí 59 1. a 2. c 3. d 4. e 5. j 6. f 7. g 8. h 9. i

Liànxí 60 2. Zhè shì niúnǎi. 3. Zhè shì kāfēi. 4. Zhè shì shūcài. 5. Zhè shì píjiǔ. 6. Zhè shì wǎn. 7. Zhè shì chāzi. 8. Zhè shì dāozi. 9. Zhè shì yán. 10. Zhè shì hújiāomiàn.

Liànxí 61 — 1. Tā zài fànguǎn shàngbān. 2. Tā měitiān qī diǎn zhōng shàng gōnggòngqìchē. 3. Tā qī diǎn bàn dào fànguǎn. 4. Tā zài fànguǎn chī zǎofàn. 5. Tā chī le zǎofàn yǐhòu, bǎ pánzi hé wǎn fàng zai fànguǎn de měi yì zhāng zhuōzi shang. 6. Tā bǎ bēizi, kuàizi, hé jiàngyóu fàng zai zhuōzi shang. 7. Kèren lái de shíhou, tā shuō "Qǐng zuò! Qǐng zuò! Nǐ yào chī shénme cài?" 8. Bù, yǒu de chī yú, yǒu de chī ròu. 9. Bù, yǒu de hē chá, yǒu de hē jiǔ. 10. Tāmen dōu kàndedào càidān.

Liànxí 62 — 1. zhōng 2. wǎnshang 3. huí jiā 4. yǐhòu 5. shōuyīnjī 6. Niúnǎi 7. Míngtiān 8. zhù 9. jiān 10. shíèryuè 11. yǐjīng 12. míjiǔ 13. zhīdao 14. yíkè 15. Kāfēi 16. Jiàngyóu 17. gěi 18. cóng 19. shíèr 20. yún

Liànxí 63 — 1. k 2. h 3. f 4. e 5. c 6. a 7. d 8. j 9. g 10. i

Liànxí 64 — 1. Tā zài xiě xìn. 2. Tā zuótiān xiě le sān fēng xìn. 3. Tā jīntiān yào xiě sì fēng xìn. 4. Tā zuótiān mǎi le yóupiào. 5. Tā yào bǎ yì fēng xìn jì gei tā fùqin. 6. Hǎo, tā nàr de tiānqi hěn hǎo. 7. Tā měitiān shàng kè. 8. Tā shàng ge xīngqī mǎi le bā běn shū. 9. Tā xià ge yuè yào mǎi shū. 10. Shì, tā míngtiān yào xiě xìn.

Liànxí 65 — 1. Méi yǒu, wǒ méi chīfàn. 2. Méi yǒu, tā hái méi qǐchuáng. 3. Méi yǒu, tā hái méi dǎ diànhuà. 4. Méi yǒu, tā hái méi kàn bào. 5. Méi yǒu, tā hái méi huí jiā.

Liànxí 66 — 1. Wǒ míngtiān yào dào Niǔyuē qu. 2. Fúwùyuán míngtiān yào mǎi shū. 3. Xuésheng míngtiān yào zài yóujú mǎi yóupiào. 4. Zhǔguǎn míngtiān yào zuò fēijī. 5. Wáng xiānsheng míngtiān yào géi wǒ dǎ diànhuà. 6. Mìshū míngtiān yào lái.

Liànxí 67 — 1. Rúguǒ méiyǒu yún, jiù bú huì xià yǔ. 2. Nǐ rúguǒ hěn è, nǐ jiù chīfàn. 3. Rúguǒ méiyǒu fēijīpiào, shàng fēijī yǐqián jiù yào mǎi yì zhāng. 4. Rúguǒ hē kāfeī jiā niúnǎi, wǒ jiù bù xǐhuan hē. 5. Rúguǒ nǐ bú huì yòng kuàizi, nǐ jiù yòng chāzi. 6. Rùguǒ méi yǒu pútáojiǔ, wǒ jiù hē píjiǔ.

Liànxí 68 — 1. huì 2. xǐhuan 3. xūyào 4. le 5. shōudao 6. hǎochī 7. zhù zai 8. néi zhǒng

Liànxí 69 — 1. Shì, Wáng xiānsheng hěn pàng. 2. Tā bǐ Zhōu xiānsheng pàng. 3. Zhōu xiānsheng hěn shòu. 4. Shì, tā yòu shòu yòu gāo. 5. Tā hén ǎi. 6. Zhōu xiānsheng pǎo de hěn kuài. 7. Wáng xiānsheng zǒu de hěn màn. 8. Yīnwei tā tài pàng le. 9. Shì, tā xǐhuan chīfàn. 10. Shì, tā chīfàn chī de hěn duō. 11. Zhōu xiānsheng shì Wáng xiānsheng de péngyou. 12. Shì, tāmen nǎr dōu yìqǐ qù, shénme dōu yìqǐ zuò.

Liànxí 70 — 1. ǎi 2. shòu 3. duǎn 4. màn 5. shǎo 6. qīng 7. piányi 8. pàng 9. cháng 10. duō 11. kuài 12. gāo 13. zhòng 14. rè

Liànxí 71 — 1. Chén xiānsheng kàn shū kàn de hěn màn. 2. Wǒ chī fàn chī de bù duō. 3. Qíng nǐ shuō huà shuō de kuài yì diǎr. 4. Lǐ xiáojie xiěxìn xiě de hěn cháng. 5. Nèi ge shūdiàn mài shū mài de hěn guì. 6. Nǐ shuō Zhōngwén shuō de tài kuài le. 7. Jīntiān xià yǔ xià de hěn duō. 8. Wǒ měitiān yòng qián yòng de hén shǎo. 9. Zhōu xiānsheng hē jiǔ hē de tài duō le. 10. Nèi ge xuésheng xiě zì xiě de hěn dà.

Liànxí 72 1. Zhōu xiānsheng shénme jiǔ dōu xǐhuan hē. 2. Lǐ xiǎojie shénme zì dōu huì xiě. 3. Zài Zhōngguó nǎr dōu yǒu Zhōngguórén. 4. Wǒ shénme ròu dōu bù néng chī. 5. Zhúguǎn shénme shū dōu yào mǎi. 6. Nèi ge shūdiàn shénme bǐ dōu mài. 7. Zài Měiguó nǎr dōu yǒu qìchē. 8. Wǒ péngyou shénme dōu yào mǎi.

Liànxí 73 1. Wǒ gēn nǐ yìqǐ zuò huǒchē. 2. Zhúguǎn gēn mìshū yìqǐ shàng fēijī. 3. Wǒ gēn wǒ péngyou yìqǐ chūqu hē jiǔ. 4. Wǒ nǚér gēn wǒ érzi yìqǐ pǎojìnlai le. 5. Lǐ xiǎojie gēn Wáng xiǎojie yìqǐ huí jiā le. 6. Tā gēn tā àirén yìqǐ dào Bālí qu le. 7. Mìshū gēn tā péngyou yìqǐ kàn diànshì. 8. Wáng xiānsheng gēn Chén xiānsheng yìqǐ shàngbān.

Liànxí 74 1. Bù, tā bù zhīdao túshūguǎn zài nǎr. 2. Túshūguǎn zài yóujú de dōngbian. 3. Tā yào dao túshūguǎn qu. 4. Tā yào jīngguò bǎihuòshāngdiàn. 5. Tā zài shízìlùkǒu wàng dōng zhuǎn. 6. Shì, wàng dōng zhuán yǐhòu, tā yào jīngguò gōngyuán. 7. Jīngguò gōngyuán yǐhòu, túshūguǎn zài zuǒbian. 8. Bù yuǎn, túshūguǎn bù yuǎn. 9. Túshūguǎn de fùjìn yǒu diànyǐngyuàn. 10. Shì, diànyǐngyuàn zài túshūguǎn de duìmiàn.

Liànxí 75 1. dōngbian 2. dōngnánbian 3. nánbian 4. xībian 5. dōngběibian 6. xīnánbian 7. dōngnánbian 8. xīběibian

Liànxí 76 1. xī, gōngyuán (dàxué), duìmiàn (nánbian) 2. Wàng, liǎng, yòubian (dōngbian) 3. xī, yòubian (běibian) 4. xī, lùkǒu, yòubian (běibian) 5. bian

Liànxí 77 1. Tā shì xuésheng. 2. Tā xuéxí Zhōngwén. 3. Zhōngwén tā tīngdedǒng. 4. Tā yě kàndedǒng. 5. Tā rúguǒ bùdǒng lǎoshī shuō shénme, tā jiù wèn wèntí. 6. Lǎoshī yòng Zhōngwén huídá wèntí. 7. Yīnwei shàngkè de shíhou, tā zhǐ yòng Zhōngwén. 8. Tā xīngqīyī, sān, wǔ shàngkè. 9. Tā shàngkè shàng yí ge zhōngtóu. 10. Tā bú shàngkè de shíhou, gēn tā Zhōngguó péngyou tánhuà.

Liànxí 78 — 1. Dìyí ge rén shì nán de. 2. Dìsì ge rén dǎkai le shǒutíbāo. 3. Dìyí ge rén gēn dìèr ge rén tánhuà. 4. Dìsān ge rén zài kàn shū.

Liànxí 79 — 1. Wǒ gēn péngyou tánhuà tán le yí ge duō zhōngtóu. 2. Mìshū chīfàn chī le bàn ge zhōngtóu. 3. Xuésheng shàngkè shàng le yí ge duō zhōngtóu. 4. Wǒ děng nǐ děng le shí fēn zhōng. 5. Zhǔguǎn shàng dàxué shàng le jǐ nián? 6. Wǒ zuò huǒchē zuò le yì tiān.

Liànxí 80 — 1. Zhè shì fángzi. 2. Shì liǎng céng lóu de fángzi. 3. Yígòng yǒu bā jiān fángjiān. 4. Měijiān dōu yǒu dìtǎn. 5. Zài chúfán li zhǔfàn. 6. Chúfáng li yǒu lúzi hé bīngxiāng. 7. Yǒu sān jiān wòfáng. 8. Měi jiān wòfáng dōu yǒu chuáng. 9. Zuì dà de wòfáng hái yǒu shāfā, diànchàngjī.

Liànxí 81 — 1. Tāmen yǒu sì ge háizi. 2. Tā de míngzi jiào Mǎ Jiéshēng. 3. Tā shíliù suì. 4. Tā yǒu liǎng ge mèimei. 5. Tā shí suì. 6. Tā bá suì. 7. Tā shì Má Xiǎoshí. 8. Jīntiān shì Má Xiǎoshí de shēngrì. 9. Tā jīntiān wǔ suì le. 10. Mǎ Jiéshēng shì Má Xiǎoshí de gēge.

Liànxí 82 — 1. Tā jīntiān chūqu mǎi le hěn duō dōngxi. 2. Tā zài bǎihuòshāngdiàn mǎi le yí ge shǒutíbāo. 3. Bǎihuòshāngdiàn de duìmiàn yǒu yóujú. 4. Tā zài yóujú děng le yì fēn zhōng. 5. Tā zài yóujú mǎi le hěn duō yóupiào. 6. Tā zài gōngyuán dōngbian de yí ge xiǎo fànguǎn chī wǔfàn. 7. Chī le fàn yǐhòu tā jīngguò gōngyuán, dào túshūguǎn qu jiè shū. 8. Tā zài túshūguǎn xībian de shūdiàn mǎi shū. 9. Tā yào bǎ yì běn shū gěi tā dìdi. 10. Yīnwei míngtiān shì tā dìdi de shēngrì.

Liànxí 83 — 1. rènshi 2. túshūguǎn 3. fēng 4. de 5. chúfáng 6. céng 7. yīqǐ 8. lí 9. suì 10. wèn 11. wàng 12. yóupiào 13. huídá 14. zhōngtóu 15. chūshēngde 16. tài 17. duójiǔ 18. jiāo 19. zhǔfàn 20. mài

Liànxí 84 — 1. f 2. e 3. j 4. i 5. d 6. b 7. g 8. a 9. h 10. c

Liànxí 85 — 1. Zhè shì Běijīng de fēijīchǎng. 2. Zhèi xiē rén lái Zhōngguó lǚxíng. 3. Bù, tāmen bú shì Zhōngguórén. 4. Shì, tāmen shì wàiguorén. 5. Duì le. Yīnwei tāmen shì wàiguorén, suóyi xūyào hùzhào. 6. Yě xūyào Zhōngguó de quiānzhèng. 7. Bù, tāmen bù dōu shì Měiguórén. 8. Shì, yǒu de shì Rìběnrén. 9. Tāmen dōu méi yǒu Zhōngguó qián. 10. Tāmen děi bǎ qián huànchéng Rénmínbì.

Liànxí 86 — 1. b 2. e 3. a 4. d 5. c

Liànxí 87 — 1. Bù, wǒ shì qùnián dào Zhōngguó qu de. 2. Bù, shì Wáng xiáojie xiě de. 3. Bù, shì zài Měiguó zhìzào de. 4. Bù, xuésheng shì zuò huǒchē lái de. 5. Bù, tā shì xīngqīsān lái de.

Liànxí 88 — 1. Yígòng xūyào shí ge rén. 2. Liǎng ge rén. 3. Tā bú yào dǎ pīngpāngqiú. 4. Tā shénme qiú dōu bú yào dǎ. 5. Tā yào dào wàimian bu yóuyǒng. 6. Bù, tā rènwéi wàimian bú rè. 7. Tā shuō shuǐ tài lěng le. 8. Tā yào kàn diànshì.

Liànxí 89 — 1. g 2. h 3. a 4. f 5. e 6. b 7. c 8. j 9. i 10. d

Liànxí 90 — 1. Suīrán...diànshi 2. Yīnwei...suóyi 3. rúguǒ...jiù 4. Suīrán...dànshi 5. Rúguǒ...jiù 6. Yīnwei...suóyi

7. suīrán...dànshi 8. Suīrán...dànshi

Liànxí 91 — 1. g 2. f 3. e 4. b 5. c 6. a 7. d 8. h

Liànxí 92 — 1. Tāmen shì Lǐ tàitai hé tā liǎng ge xiǎo háizi. 2. Xiǎohuá zài kū. 3. Jiéróng zài hāhādàxiào. 4. Yīnwei tā mǔqin zài gēn tā mèimei shēngqì. 5. Xiǎohuá zài gāngqín shang. 6. Tā zài gāngqín shang tiàowǔ, chànggē. 7. Tā tiàowǔ de shíhou, Jiéróng zài tánqín. 8. Tā tán de hěn bù hǎo. 9. Shì, tā yě gēn Jiéróng shēngqì. 10. Tā méi kū.

Liànxí 93 — 1. a 2. e 3. c 4. h 5. f 6. g 7. b 8. d

Liànxí 94 — 1. Shì, tā jīntiān yào bānjiā. 2. Tā yào huí Shànghǎi qu. 3. Shì, tā yào bāng Zhōu xiānsheng de máng. 4. Bù, tā rènwei bù róngyi. 5. Tā shuō, "Xiè xie. Nǐ dàgài hěn máng ba." 6. Yīnwei zhuōzi hěn zāng. 7. Tāmen bǎ hézi fàng zai yǐzi shang. 8. Kěnéng míngnián huí Běijīng lai. 9. Bù, tā àirén bù gēn tā yìqǐ bān dao Shànghǎi qu. 10. Tā àirén xūyào zài Běijīng jiāoshū. 11. Tā juéde bù fāngbian.

Liànxí 95 — 1. dì 2. géi 3. zǎo 4. Bú 5. kè 6. gān 7. cuò 8. huì 9. kě 10. jí

Liànxí 96 — 1. Nǐ xuéguo Rìwén ma? Wǒ xuéguo Rìwén. Wǒ méi xuéguo Rìwén. 2. Nǐ bānguo jīa ma? Wǒ bānguo jīa. Wǒ méi bānguo jīa. 3. Nǐ chīguo yángròu ma? Wǒ chīguo yángròu. Wǒ méi chīguo yángròu. 4. Nǐ zuòguo fēiji ma? Wǒ zuòguo fēiji. Wǒ méi zuòguo fēiji.

Liànxí 97 — 1. Shì, Zhōngguó de rénkǒu fēicháng duō.

2. Shì, dàbùfen de rénkǒu shì nóngmín. 3. Tāmen zhù zai xiāngxia. 4. Shì Běijīng. 5. Běijīng yóu hěn duō dàxué, gōngyuán, dàshíguǎn, hé gōngchǎng. 6. Shànghǎi shì Zhōngguó zuì dà de chéngshì. 7. Shànghǎi de fùjìn yóu hěn duō gōngchǎng. 8. Shì, Shànghǎi shì gōngyèhuà de chéngshì. 9. Bù, Zhōngguó bú shì gōngyèhuà de guójiā. 10. Yǒu de dìfang hái xūyào tuōlājī, qìchē, hé diànbàojī. 11. Zhōngguó cóngqián shénme gōngyè dōu méi yǒu. 12. Xiànzài yuèláiyuè duō le.

Liànxí 98

A.1. Wǒ xiànzài xǐhuan chī yú le. 2. Wǒ xiànzài huì xiě Zhōngguó zì le. 3. Mìshū xiànzài bú zài bàngōngshì li le. B.1. Tiānqi yuèláiyuè rè le. 2. Dōngxi yuèláiyuè guì le. 3. Xué wàiguo yǔyán yuèláiyuè zhòngyào le.

Liànxí 99

1. gāngcái 2. kuàiyào 3. kuàiyào 4. gāngcái 5. gāngcái 6. gāngcái, kuàiyào 7. kuàiyào 8. gāngcái

Liànxí 100

1. Tā shì xuésheng. 2. Tā zài Berlitz xué Zhōngwén. 3. Shì, tā xué le hén jiǔ le. 4. Tā shì Déguórén. 5. Yīnwei tā yào zài Zhōngguó de Déguó dàshíguǎn zuò shì. 6. Zài Běijīng. 7. Tā yào xué Zhōngguó de nóngyè. 8. Tā yào bāng tāmen chūkǒu dōngxi. 9. Tā kěnéng huì gěi Déguó de yínháng dǎ diànbào, bāng Zhōngguórén bǎ Rénmínbì huànchéng Mǎkè, Měiyuán, hé Rìyuán. 10. Shì, Mǎkè shì Déguó qián.

Liànxí 101

1. Nóngmín zhù zài xiāngxia. 2. Nǐ guì xìng? 3. Lǐ xiáojie zào gōngchǎng li zuò gōng. 4. Nǐ de diànhuàhàomǎ shì duōshao hào? 5. Yīngguó shì yí ge gōngyèhuà de guójiā. 6. Wǒ méi yǒu qián, bù néng mǎi

dōngxi. 7. Nǐ huì bu huì huílai? 8. Bàngqiú bǐ lánqiú hǎo. 9. Wǒ xiànzài xiě Zhōngwén, xiě de hěn hǎo le. 10. Lǐ xiáojie hěn hǎo.

Liànxí 102 1. e 2. f 3. d 4. i 5. g 6. j 7. a 8. h 9. b